佐藤竜一

Sato Ryuichi

盛岡藩と戊辰戦争

杜陵高速印刷出版部

Ⅰ　宮沢賢治の周辺

II 盛岡藩と戊辰戦争

Ⅲ　文学による街おこし

Ⅰ 宮沢賢治の周辺

東京から岩手へ

昨年（一九九六年）一〇月、大学入学以来暮らしてきた東京に別れを告げ、岩手に帰ってきた。一九年ぶりに岩手で生活することにしたのである。

高校生の頃は、東京へ出たくてたまらなかった。つい数年ほど前までは、たまに帰郷してもすぐに東京が恋しくなり、駆け足で戻ったものだ。

それがなぜ、東京を去ろうという気になったのか。そう思うに至ったきっかけを宮沢賢治がつくったといえるかもしれない。

宮沢賢治といえば、岩手の風土に根ざした地方色の強い作家のイメージが強い。賢治がエスペラントをもじって名づけたイーハトーブは、岩手を象徴する言葉として有名になった。

賢治は生前、自費出版した『注文の多い料理店』の広告文で、「イーハトーブ」を「ドリームランドとしての岩手県」であるとし、「そこでは、あらゆる事が可能である。人は一瞬にして氷雪の上に飛翔し大循環の風を従えて北に旅する事もあれば、赤い花杯の下を行く蟻と語ることもできる」と書いた。

でも、この言葉は賢治が生きた岩手の現実とは大きく隔たっている。当時岩手に住んでいた農民は冷害に苦しんでいたし、教育水準や医療水準も全国平均を大きく下回っていた。

賢治は花巻農学校の教師としてそうした現実を知り尽くしていたが、それ故にこそ、岩手の現実を「イーハトーブ」という言葉を創り出すことによって変えようとしたのかもしれない。

三七歳という若さで亡くなった賢治だが、一九一六年から一九三一年まで、九度にわたり東京の土を踏んでいる。賢治は東京にあこがれていたのだ。帝都東京は映画や演劇、音楽に代表される都市文化が華開いたモダン都市であり、繰り返される上京は東京が醸し出す刺激を求めてのことだった。

賢治は延べ日数で約三五〇日ほどを東京で過ごし、一時は東京で暮らし続けることさえ望んだ。

だが、長男であった賢治は父政次郎により東京での生活を断念させられ、岩手で生活することを余儀なくされた。

東京で長く暮らしてきた私だが、賢治のことはずっと気になっていた。

偶然が重なって、生前の賢治を知る中国の詩人・黄瀛《こうえい》と出会い、その生涯を『黄瀛――その詩と数奇な生涯』（日本地域社会研究所）にまとめた。黄は一九〇六年生まれ。草野心平が主宰した詩誌『銅鑼《どら》』の同人で、一九二九年六月病床にあった賢治を訪ねたことがある。

ちなみに、黄瀛は昨年（一九九六年）、賢治生誕百周年の集いに招かれ、花巻を六七年ぶりに訪れている。

私は重慶で黄から生前の賢治の話を聞かされ、賢治がにわかに身近な存在になった。

そこで、二冊目の本のタイトルを『宮沢賢治の東京』として、賢治が歩いた東京をつぶさに歩くことにしたのである。

東京は変転が激しく、賢治が見た建物の多くが取り壊されていた。賢治が生きた時代を追体験することは難しかった。

それでも、賢治が短歌に詠んだ帝室博物館、上野図書館などは現存し、往時を偲ばせてくれた。

賢治の足跡をたどるうちに、改めて時代の隔たりを感じさせられた。もはや、賢治が生きた時代とは異なり、東京と岩手は、新幹線で結ばれている。情報通信網の発達も、東京と岩手の格差を小さくした。

それに気づいた時、自分自身の東京への親近感が急速に薄れ、故郷である岩手に対する懐かしさが沸き上がってきたのだ。

とはいえ、Uターンして半年余り。今度は東京が懐かしく、すでに三度上京した。まだ、岩手での生活がしっくりとはこない。岩手に土着するには、もう少し時間がかかりそうだ。

黄瀛の詩碑　銚子に誕生

中国・重慶からやって来た詩人・黄瀛と二〇〇〇年七月九日、四年ぶりに再会した。千葉県銚子市新生町中央みどり公園に、日本で初めて黄瀛の詩碑が建てられ、その除幕式が盛大に行われたのだ。縦六〇センチ、横一二〇センチの中国産御影石には、次のような文字が刻まれていた。

風ノ大キナウナリト利根川ノ川波
潮クサイ君ノ目前ニ荒涼タル坂東太郎横タワル

「銚子にて」と題する詩の一部である。

黄瀛と銚子との縁を語る前に、黄瀛のことを少し紹介しておこう。

一九〇六（明治三九）年一〇月四日、中国・重慶に生まれる。父は中国人、母は日本人だった。幼少時に父を亡くしたため、母の故郷・千葉県八日市場で育つ。東京の正則中学校を経て、青島日本中学校に編入。この頃から詩作を始める。在学中の一九二五（大正一四）年、当時の日本の代表的な詩誌『日本詩人』（新潮社発行）で「朝の展望」と題する詩が第一席に輝き、一躍詩壇の寵児になる。

多くの投稿青年を抱えていた『日本詩人』に登場することが、詩壇への登竜門とされた時代であり、このことがきっかけで日本を代表する詩人だった高村光太郎、木下杢太郎らの知遇を得る。翌一九二六年四月、黄瀛は文化学院に入学するが、保証人は高村光太郎だった。

銚子市みどり公園で行われた黄瀛の詩碑除幕式
（左から３番目が黄瀛、１番右が筆者 2000年7月9日）

師と仰ぐ高村光太郎に、詩誌『銅鑼』を通じて親しくつきあった草野心平を紹介したのは黄瀛である。

宮沢賢治もまた、『銅鑼』の同人だった。生前ほとんど無名だった賢治を黄瀛は高く評価し、一九二九（昭和四）年六月、病床にあった賢治を花巻に訪ねている。

一九九二（平成四）年八月一〇日、私は重慶を訪ね、初めて黄瀛に会った。その後取材を重ね、一九九四年には私にとって最初の著書となる『黄瀛 ―その詩と数奇な生涯』（日本地域社会研究所刊）を出版した。

一九九六年夏。黄瀛は宮沢賢治生誕百年祭に招かれ来日し、賢治の思い出を語った。私はその頃東京に住んでいたが、東京と花巻で黄瀛と話をする機会を持った。

同年八月三一日、宿泊先の八重洲富士屋ホテルを訪ねたときは、銚子在住の西川敏之さん、高瀬博史さんも一緒だった。その数週間前、私の本を読んだ西川さんが勤め先の出版社に電話をかけてきたことが二人と知り合うきっかけで、この日が初対面だった。

西川さんは日本詩人クラブ会員。塾経営をしながら詩を書き続けてきたが、西川さんの詩の先生が関谷裕規（一九〇八―一九七四）だった。関谷は黄瀛の詩友であり、医者をしながら詩を書いた。高村光太郎とも親しかった。

「銚子ニテ」は一九二九（昭和四）年、銚子に関谷を訪ねた際に生まれた詩で、草野心平が中心となって発行した詩誌『学校』に掲載された。飯沼観音境内の火の見やぐらから眺めた利根川の光景をモチーフにしている。坂東太郎とは利根川のことだ。

関谷さんから黄瀛のことを盛んに聞かされていた西川さんは本人に会うことができたとき、「銚子ニテ」を詩碑にしたいので、その一部を毛筆で書いてくれないかと依頼した。黄瀛は快諾した。詩碑の文字はその時に書いた直筆で、西川さんの願いは四年かけて実現したことになる。

孫娘の劉嘉（重慶電視台国際部記者）とともに七一年ぶりに銚子を訪れた黄瀛は、至って元気だった。満で九三歳だというのに、記憶もしっかりしていて、今後は自叙伝をまとめてみたいと意欲を見せる。

一九三七年の日中戦争勃発を機に日本と訣別した黄瀛の生涯に関しては著書に詳しく書いたので、ここでは繰り返さない。

二〇年にわたる獄中生活を支えたのが、若い頃日本で楽しく過ごした友人との日々の記憶だった。出獄したばかりで収入がほとんどない時、苦境を知った日本の友人たちは集まって黄瀛に手紙や物資を送り続けた。その友人たちの中に、銚子で共に過ごした関谷裕規もいたのである。

初めて会った時、黄瀛はわたしにこう言った。「自分の存在自体が詩でありたい」と。その言葉が、今私の心によみがえってきた。

高杉一郎『ひとすじのみどりの小径』（リベーロイ社）

取材で一度、高杉一郎の自宅にお邪魔したことがある。戦前の改造社時代のことを中心に、話をうかがった。その成果は『日中友好のいしずえ—草野心平・陶晶孫と日中戦争下の文化交流』（日本地域社会研究所、一九九九年）に記したが、その際参考文献として大きく役立ったのが本書である。サブタイトルに「エロシェンコを訪ねる旅」とある通り、エスペランチスト・高杉一郎の軌跡が本書の主題である。

取材でお会いした一九九六年の春頃は、この本の編集作業の真っ最中だったものと推察される。一九〇八年生まれとは思われないはっきりとした記憶で、私の質問にていねいに答えてくれた。三時間近くにわたり、つまみをごちそうになりながら、一緒にウイスキーを飲んだ。おそらく、こうした機会はもう持てないだろう。そう思いながら、高杉の話に耳を傾けたことを覚えている。

高杉一郎とエスペラントとの出会いは一九二九年。劇作家として名を馳せた佐々木孝丸に誘われてのことという。

当時は今と違いエスペラントが隆盛で、総合雑誌『改造』がエスペラント普及に果たした役割はとりわけ大きかった。一九二二年八月号はエスペラント特集号で、黒板勝美、秋田雨雀、ラムステットが寄稿している。また、小坂狷二《おさかけんじ》の同誌でのエスペラント講座も開始されている。改造社社長・山本実彦は自身エスペラントの学習には取り組まなかったようだが、よき理解者としてエスペラント普及のために積極的に誌面を提供した。

改造社に高杉が入社したのが一九三三年四月。難関をくぐりぬけての入社で、一九四四年七月に末に改造社が解散に追い込まれるまで、もっぱら『文藝』の編集者として過ごした。

日本が次第に軍国主義に傾いてゆく時代であり、言論の自由は失われてゆく。そういった中で高杉はさまざまなエスペランチストと出会う。大島義夫、中垣虎児郎、伊東三郎――。日本のエスペラント運動史上欠かすことのできない人々の印象が語られてゆく。

とはいえ、高杉自身はエスペラントの当事者にはなりきれない。「――柏木ロンドからも離れ、結局エスペラント運動なるものには一度も参加したことはない。時代の嵐をかぶって学問研究の方も挫折すると、日々の糧を得るためにジャーナリストになり、目もくらむような忙しさに追いまくられることになったから、エスペラントはただ時たま新しく発表された文学作品を買ってきてのぞいて見る程度の路傍の傍観者になってしまった」と述懐する。

高杉は一九四四年応召され、戦場に駆り出される。ハルピンで敗戦を迎え、シベリアでの抑留生活を経て復員したのが一九四九年。一九五〇年に静岡大学講師となり、生活の安定を得た。

やがて、エスペラントとの縁が復活するのだが、高杉は改造社時代に、ワシーリィ・エロシェンコのエスペラント創作集『孤独な魂のうめき』を読んで感銘を受けたことがあった。

シベリアでの四年間の俘虜生活中、ひとりのエスペランチストにも出くわさなかったことが心に引っかかってくる。かつてソ連にたくさんいたエスペランチストたちはどうなったのか。

かつて感動を与えてくれた盲目の詩人エロシェンコがロシアに戻り、どんな運命をたどったのか。

それを知りたいという思いが高杉を動かし『盲目の詩人エロシェンコ』（新潮社、一九五六年）、『夜明け前の歌―エロシェンコの生涯』（岩波書店、一九八二年）といった仕事に結びつくのである。

高杉一郎は一九六七年、一〇年間務めた日本エスペラント学会の評議員をやめてしまう。「これからは自分ひとりだけで行くエスペランチストになります」ということばを残して。

本書には、そういった面白いエピソードが随所に盛り込まれている。明治生まれの気骨あるエスペランチストの誠実な記録である。

＊高杉一郎、本名小川五郎さんは二〇〇八年一月九日、九九歳で亡くなった。

新渡戸稲造と宮沢賢治

一九〇九（明治四二）年六月二五日、盛岡中学校で新渡戸稲造の講話が行われた。稲造は「黙思の習慣を養うよう生徒に訓話」したが、聴衆の中に入学したばかりの宮沢賢治がいた。

稲造は一八六二（文久二）年盛岡に生まれたが、九歳で生まれ故郷を去った。叔父の太田時敏を頼り上京。共慣義塾（盛岡藩の子弟が多く通った学校）、札幌農学校（北海道大学の前身）などを経てアメリカに留学した。帰国後は日本で最初の農学博士となり、第一高等学校校長として目の前に現れた稲造に、賢治は畏敬の念を覚えたに違いない。

東京にあこがれる気持ちが強かった賢治は九度にわたり上京し、延べ滞在日数は三五〇日に及んだ。東京への思いを記した「東京」ノートが書かれはじめるのは一九〇九年のこと。東京に出て成功し、故郷に錦を飾った稲造の姿を見て、賢治は上京したいという思いを募らせたに違いない。

『武士道』などの著作をはじめ稲造の功績は数多いが、エスペラントの熱心な擁護者だったことはあまり知られていない。

稲造は一九二〇（大正九）年五月、国際連盟事務次長に就任。一九二六年一二月まで、スイスのジュネーブに滞在してその任に当たった。

一九二一年八月、チェコのプラハで開催された第一三回世界エスペラント大会には、国際連盟を代表して出席している。

その後まとめられた報告書に稲造は、「言葉の力は偉大であり、国際連盟はエスペラント運動の前身に特別の興味をもってついて行くためのよい動機をもっている。その運動は、エスペラントが一般に広まるならば、世界の道徳的統一にとって、いくらか大きなものになれるであろう」と書いた。

国際連盟は稲造の報告に基づき、「エスペラントを学校で教える問題を国際知的協力委員会に回し、委員会に世界語問題のいろいろな面について意見を述べてもらう」ことを決定した。

委員会は一九二三年末に開催されたが、学校教育へのエスペラントの採用は実現しなかった。とはいえ、稲造の活動はエスペラントに対する関心の高まりを引き起こした。日本では、戦前を代表する雑誌『改造』が「エスペラント研究特集号」を出し（一九二二年八月号）、エスペラントを学ぶ人が増大したのである。

なお、この号には秋田雨雀・黒板勝美・ラムステットなどがエスペラントに関する文章を寄稿したほか、小坂狷二のエスペラント講座も開始されている。

賢治がエスペラントに興味を持ちはじめるのは、この時期である。イーハトーブというエスペラントをもじった言葉をあみだした賢治だが、間接的に稲造の感化を受けていたのである。一九二六（昭和元）年一二月、賢治は七度目の上京をし、丸ビルの旭光社でエスペラントを習った。

また、フィンランド公使・ラムステットによる講演を聞き、「やっぱり著述はエスペラントによるのが一番だと云ひました」とラムステットがエスペラントでの著述を勧めたことを記している（同年一二月一二日付、父政次郎宛の手紙）。

賢治はエスペラントの学習を続けたが、エスペラントで著述するまでは至らなかった。だが、例えば「ポラーノの広場」という作品で盛岡をモリーオ、仙台をセンダードと表記するなどエスペラントの表現を積極的に作品の中に採り入れている。

稲造は国際連盟でエスペラント支持を打ち出したことがきっかけで、一九二七年に世界エスペラント協会の名誉会員となった。一九九六年にプラハで七五年ぶりに開催された第八一回世界エスペラント大会では、稲造の功績を再評価しよう――と、「ニトベシンポジウム」が開催された。

田鎖綱紀と宮沢賢治

日本語速記術の創始者として知られる田鎖綱紀（一八五四―一九三八）は、熱心なエスペランチストとしても知られている。エスペラントが日本にはじめて伝わった一九〇五年ごろには逸早く英文の書物を取り寄せて独習していたらしい。

晩年の綱紀と接し、『日本速記事始―田鎖綱紀の生涯』（一九七八年、岩波書店）の著者福岡隆（一九一六年生まれ）には、初対面から「ボーナン・ターゴン」（こんにちは）と話しかけてきたという。相手がエスペランチストとわかると、親近感を覚えたらしい。

小坂狷二、千布利雄、中村精男、福田国太郎といった草創期を代表するエスペランチストたちとつきあっているし、一九一四年にロシアからやって来た盲目の詩人・エロシェンコとも接点があった。

初芝武美『日本エスペラント運動史』（日本エスペラント学会）には、綱紀が一九一六（大正五）年四月二九、三〇両日に開催された第三回日本エスペラント大会に出席し、大会初日に番外講演を行ったと記されている。

その数日後、一九一六年五月二日付から五月一三日付の『岩手日報』に、六回にわたってエスペラントを紹介する綱紀の講演録が掲載された。この記事が岩手で最初にエスペラントを紹介した記事であることはほぼ間違いない。

日本語速記術を広めるために各地を行脚した綱紀は行く先々でエスペラントを宣伝した。エロシェンコと対話することでエスペラントの有用性を実感した綱紀は、日本エスペラント協会や日本エスペラント学会という組織に参画することはなかったが、エスペラントの普及を自身の使命と感じ、すでにつながりのあった郷土の新聞＝『岩手日報』への掲載を働きかけたのかもしれない。

その新聞記事の中で綱紀は、トルストイがエスペラントを支持していることに言及しているほか、機会があればポーランドのザメンホフを訪ねたいという希望を述べ、最後にこう結んでいる。

「終りに臨んで尚一言す、予輩が極力エスペラントを研究し、之が普及を謀らんとするのは決して道楽や慰み半分にやるのではない、日本の——及び世界の未来に向って其の文明、其の幸福を増進し、学問の道を容易ならしめんと云ふ大いなる理想があるのである。予輩の事業たるエスペラントが公平明瞭なるものであると自ら確信するのである」

エスペラントに対する熱意にあふれた文章である。私はこの新聞記事を宮沢賢治が読み、心を動かされたのではないかと推測する。一八九六年生まれの賢治は、この新聞記事が出た時点で満一九歳。盛岡高等農林学校の二年生で盛岡に住んでいた。好奇心旺盛な賢治が地元を代表する新聞を読まなかった、という確率の方がむしろ低いと思われる。

さらに、賢治にとって綱紀が遠い親戚だという事実もある。

綱紀の兄・綱郎は、盛岡で一八八九（明治二二）年以来写真館「玉新堂」を経営し生計を立てた人だが、一九〇八（明治四一）年三月二六日、次男・治が花巻の宮沢家に婿養子として入っている。シゲと結婚し、宮沢治となるのである。

結びつきの詳細は不明だが、旧盛岡藩の由緒ある家柄同士だということが影響しているようだ。この宮沢家は藤井将監を経て宮沢三四郎から始まり、現在まで一六代続く賢治の家系の本家である。賢治の父政次郎、母・イチも数代さかのぼればこの本家につながる。

綱紀は「速記おじさん」と呼ばれ、親しまれたらしい。各地を転々とし、ほとんど盛岡に立ち寄ることはなかったので、賢治とは会っていない。それでも高名な田鎖綱紀が遠い親戚であると賢治はわかっていた。その綱紀によるエスペラント関連の講演録である。気にならないはずはない。

戦前を代表する総合雑誌『改造』が一九二二年八月号を「エスペラント特集号」とした。この号を賢治が読み、エスペラントに関心を抱いたことは研究者の間で通説になっている。堀尾青史『年譜・宮沢賢治伝』（一九九六年、図書新聞社）では、「一九二二年二月、ドイツ語とエスペラントの勉強を本格的に始めた、と伝えられる」とあったが、後年堀尾はその記述を削除している。実証できない、ということらしい。峰芳隆が指摘するように、賢治とエスペラントに関する研究はまだ十分にやられていない。

岩手は国際連盟でエスペラントに好意的な発言をした新渡戸稲造、柳田国男『遠野物語』の語り部で賢治とエスペラントを介して接点があった佐々木喜善を生むなどエスペラントとは縁が深い。

賢治はそうした土壌に生きながら、徐々にエスペラントへの関心を深めていったと思われる。田鎖綱紀は賢治にとって、エスペラントの扉を最初に開いた人だった、といってよいだろう。

帆船のロマン――佐藤勝一の遺稿と追想

エスペランチストとして国際的に活躍し、二〇〇二年に亡くなった佐藤勝一(一九三七―二〇〇〇)の軌跡をたどった『帆船のロマン』がこのほど日本エスペラント学会より発売された(発行=イーハトヴ・エスペラント会)。エスペラントとは、一八八七年にポーランドの眼科医・ザメンホフが発表した人工国際語である。

佐藤勝一は盛岡一高を経て、岩手大学学芸学部(現教育学部)を卒業。大学生時代にエスペラントを独習した。そのころより宮沢賢治への関心が高かった。エスペラントへの関心も、賢治がエスペランチストだったからにほかならない。賢治の弟である清六さんや森荘已池さんとのつきあいもそのころより始まっている。特に森荘已池さんからは、「賢治とエスペラントの研究はあなたがやらなければなりませんよ」といわれたという。

岩手大学を卒業後、盛岡市立高校、久慈高校、盛岡一高で英語を教えるかたわらクラブ活動を通してエスペラントの普及に努めた。私は一関一高の教え子なのだが、担任としてお世話になったわけでもなく、英語を教わったわけでもない。ただ、エスペラントを通してのみつながっていた。不思議な縁だが、エスペラントへの佐藤勝一の情熱に当てられた私は法政大学に入学してすぐ、エスペラント研究会に入会してしまったのだ。

日本においては、戦前何度かエスペラントがブームとなったが、浮沈を繰り返した。戦後は一九六五年に東京で世界エスペラント大

盛岡で開催されたザメンホフ祭
（前列1番右が佐藤勝一、後列1番左が大森不二夫、後列左から2番目が筆者 1997年12月）

会が開催され、久しぶりにエスペラント人口が増大したが、その勢いは急速にしぼんでゆく。現在、日本でエスペラントにより日常会話程度を話せる人は多くみて、一万人程度だ。長期にわたり、低迷が続いているといわざるを得ない。そうした現状の中にあって、佐藤勝一は確固たる信念をもってエスペラントを続けてきた。それは、エスペラントを通して外国に多くの友人を得たという現実があり、ことばを異にする人々同士が本当に親密にエスペラントでつながっているという実感があったからだ。確かに英語は全世界的に使用されており、それはアメリカやイギリスという強国の政治力による産物なのだが、英語を母国語にしない人々は新たに学び直さなければならず、明らかに不利であり、対等なコミュニケーションは成立しにくい。佐藤勝一はもちろん、英語教師という仕事に誇りをもって取り組んでいたが、それ故にエスペラントの有効性を自覚する機会も多かったに違いない。

　佐藤勝一は一九九〇年に県立宮古短大助教授に迎えられ、一九九八年には教授に昇格した。宮古短大では「国際共通語論」というゼミをもちながら、二週間に一度イーハトヴ・エスペラント会の学習会を主宰した。そのかたわら日本エスペラント学会理事、世界エスペラント協会評議員としても活躍した。近くで言動をみてきたが、どんな仕事にも決して手抜きをしない人だった。六二歳の死は早すぎるといわざるを得ない。

　現在のＪＲ釜石線の前身は、かつて賢治が愛した岩手軽便鉄道である。一九九五年、この全二九駅にエスペラントの愛称がついた。駅に近づくとエスペラントによる車内放送がある。これは佐藤勝一が協力し、実現したものである。『帆船のロマン』にはそういった軌跡のほか、晩年進めてきた賢治や新渡戸稲造に関する研究成果も収められている。編集者として、ぜひ一読を勧めたい。

宮沢賢治と丸ビル

久しぶりに上京し、東京駅で降り、約八〇年ぶりに建てかえられた丸ビルに立ち寄ってきた。人、人、人で大変なにぎわいだった。新聞報道によると、二〇〇二年に開業してから一周年の来場者数は約二三七〇万人。地方から出かけてくる人も多く、東京の新名所としてすっかり定着したようだ。宮沢賢治が生きた時代も丸ビルは名所としてにぎわっていた。

一九二三（大正一二）年二月二〇日に開業した旧丸ビルは、高さ三一メートル。東京駅のすぐ近くにそびえ立つ、大正モダンを象徴する建物として多くの人々を引き付けた。同年九月一日に起こった関東大震災により、当時浅草にあった代表的な高層建築物凌雲閣（高さ六〇メートル）は損壊がひどくやがて取り壊され、高さ三八メートルのニコライ堂は焼け落ちた。丸ビルも被災したが、補修工事を重ねることで生きながらえた。

大震災以後、政府は長期にわたり高層建築物を許可しなかった。一九六四（昭和三九）年の建築基準法改正によりはじめて、高さ制限（三一メートル）が取り払われる。霞が関ビルをはじめとする超高層ビルが次々に登場するのは、それ以降のことだ。関東大震災は東京に壊滅的な打撃をもたらしたが、大震災の翌日成立した第二次山本権兵衛内閣で内務大臣に就任した、水沢（現奥州市）出身の後藤新平が東京の復興に辣腕を振るった。やがてビジネスの中心が兜町から丸の内へと移り、日本橋や京橋にあった企業が丸の内に移ってきた。その中枢が丸ビルで、丸ビルにオフィスを構えることが企業のステイタスになった。

賢治が丸ビルを訪ねたのは、一九二六年一二月のことである（同年一二月一五日付、父政次郎宛の手紙より）。エスペラントの学習が目的だった。丸ビル八階にあった旭光社で「工学士の先生からエスペラントを教はり」と、手紙には書かれている。野島安太郎によれば、この旭光社というのは上野商事会社丸ノ内出張所のことで、ラジオ部、機械部、外国書籍部があったという。社長の上野孝夫は日本エスペラント学会の理事を務め、エスペラントによる書籍の輸入に従事したほか、通信用語にエスペラントを採用していた。賢治を教えた「工学士の先生」は特定されていないが、賢治は少なくとも数日間通い、エスペラントを習った。恐らく、教科書の類も旭光社で購入したものと思われる。

賢治は同年三月三一日勤めていた花巻農学校を依願退職、八月には私塾羅須地人協会を設立している。かねてより構想していた農民芸術論を実践しようという試みである。その実践のひとつがエスペラントの普及だった。世界へと通じる言葉としてエスペラントを修得し、人々へも広めようとしたのである。

旭光社は八階にあったので、エレベーターに乗ったことは確実である。現代とは違い、エレベーターは当時としては最新の動く建築物である。地方から丸ビルを訪れる人々の楽しみはエレベーターに乗ることで、見物客は地下にあった下足室で草履と履きかえ、エレベーターの前で順番を待ったという。料金はどれくらい？と聞く人もいた。

もちろん、賢治はそれほど野暮ではない。一九二三年ごろ執筆されたと推定される、東京での体験が色濃く投影された「革トランク」という作品には「エレベータとエスカレータの研究」という記述がある。新しいものを逸早く吸収しようとした賢治は上京を繰り返したが、この作品を書く前に白木屋（現東急百貨店）や日本橋三越で、すでにエレベーターやエスカレーターに乗ったことは確実と思われる。賢治には、丸ビルの九階にあった精養軒をついでに訪ね、西洋料理を味わう余裕があったかもしれない。

賢治は代表作「銀河鉄道の夜」を何度も大幅に書き直しながら、推敲を重ねたという。あるいは賢治は、エレベーターで縦方向に移動しながら、鉄道が陸ではなく、空高く銀河を走ってゆくという壮大な構想のイメージをふくらませていったのかもしれない。

黄瀛と『改造評論』

一九四五年八月一五日、この敗戦の日を上海で迎えた日本人は、およそ一〇万人といわれている。

八月下旬になると、国民党の湯恩伯上将に率いられた中国陸軍第三方面軍が上海地区の接収にやってきた。湯恩伯は日本軍を武装解除し、日僑管理所を設け日本人を集中的に住まわせることにした。日本人は湯恩伯の管理下に置かれたのである。

湯恩伯はまた、それまで日本軍監督の下、日本人向けに出されていた新聞『大陸新報』を接収した。日本人居留民向けにかわりに発行されたのが『改造日報』である。一九四五年一〇月一五日から発行されている。この新聞は改造日報社が発行したが、蒋介石の女婿である社長の陸久之は、顧問格として中野勝男を起用している。

中野勝男は元々日本共産党最高幹部の一人であり、敗戦を機に在上海日本人コミュニストグループを組織していた。グループの下には朝日新聞上海支局の菊地三郎、上海領事館の刈谷久太郎、同盟通信の斎藤玄彦らがいた。いずれもかつて存在した治安維持法で辛酸をなめた人々であり、再びコミュニストとして生きようという意欲に燃えていた。改造日報社は、グループの人々を社員として留用した。

敗戦まで海軍警備地区保甲事務所で働いていた島田政雄もそのひとりだった。島田はやはり以前治安維持法で逮捕されたことがあり、転向を余儀なくされた。菊地三郎らとともに、敗戦後の日中友好運動を推進したひとりだ。

島田によると、記事は中国国内に関しては中国人記者が、日本の問題に関しては日本人記者が担当した。島田は当時上海にいた堀田善衞、武田泰淳、日本人反戦同盟を組織した鹿地亘らに原稿を依頼するとともに、自らは日本の民主化に関し「日本民族の生きる道」「復員教育の課題」などと題して書きまくった。

同年一二月からは日本人の引き揚げが始まり、翌一九四六年になると本格化した。『改造日報』の読者は徐々に減ったが、島田をはじめとする改造日報社日本人グループの多くはまだ帰国しなかった。陸久之の下で、重慶から次々にやってくる文化人と交流する日々が続いた。

『改造日報』はやがて廃刊となり、『改造週報』がかわりに発行された。『改造週報』もやがて、『改造評論』にとってかわられた。

私の手元にある『改造評論』創刊号は中華民国三五年、すなわち一九四六年六月一日の発行である。「進歩、平和、民主のために」をスローガンにしている。

創刊号には湯恩伯が寄稿しているほか、中国文化人三三名による「日本箴言《しんげん》」、郭沫若の「蘇聯紀行」、夏衍《かえん》の「細菌」、「上海自然科学研究所を語る座談会」などが掲載されている。日本人作家では、国民党に留用されていた堀田善衞が「反省と希望」と題して原稿を寄せている。

ここで私が注目したいのは、湯恩伯の部下であり当時国民党少将の地位にあった黄瀛の詩「跳六笙」「山から来た男」が掲載されていることだ。

中国人を父に、日本人を母に重慶で生まれた黄の生涯に関して私は著書に書いたので詳細は省くが、一九三七年の日華事変以後、黄の生存は危ぶまれていた。黄は一九四六年八月親友の草野心平と南京で再会、堀田善衞とも上海で二度会った。草野や堀田を通して、生存が日本に伝えられた。

私は一九九六年夏、宮沢賢治生誕百周年で来日した黄と東京で再会し、『改造評論』について確認したが、本人は覚えていないという。

当時、中国の政治情勢は緊迫化していた。当初『改造評論』創刊号は、中国民主革命の証である「和平建国綱領」を大きく取りあげることを使命とした。ところが、国民党と共産党との対立が激しくなり、それは形骸化した。同年三月に開催された国民党の第六期二中全会では、党派を超えて新中国を建設しよう――という政治協商会議決議案を骨抜きにする決議が採択された。内戦の危機が迫ってきていた。

同年一〇月、『改造評論』第三号の編集を終えた島田は、中野勝男から陸久之社長の話を聞かされた。多方面から『改造評論』が共産党寄りだという密告が、湯恩伯上将に集まっている。総軍司令官だった岡村寧次が、国民党国防部長何応欽に「改造日報は共産党の代弁者だ」と抗議している。改造日報社の言論は国民党に不利であり、陸久之を更迭しようという動きが活発化している、とのことだった。

陸久之は周恩来とのパイプがあり、馮大超《ふうだいちょう》、康大川《こうだいせん》といった共産党寄りの文化人とも密接な関係にあった。その点が国民党右派から突かれたのである。

一一月下旬、国民党軍は島田をはじめとする改造日報社コミュニストグループを仮留置所に収容し、日本に強制送還した。アメリカの軍用船ＬＳＴに乗った一行は、一一月二九日佐世保港に到着した。その頃には、内戦が本格化していた。

国民党の軍人とはいえ、自由主義的な気質を内包していた詩人・黄瀛は苦しい立場に立たされていたのではないか、と私は推測する。

一九三三、三四年頃、黄は共産党に近い作家・魯迅と上海の内山書店で七、八度歓談したが、密告があり、魯迅と会うのをやめなければならなかった。妹の黄寧馨は国民党ナンバー2である何応欽の姉の子、何紹周と結婚していた。何応欽に迷惑がかかるのを恐れてのことだ。何応欽と姻戚関係になることで黄は国民党での出世を果たしたが、その分行動もかなり制約されたのだ。

おそらく、黄の詩が『改造評論』に掲載されたのは、馮大超との関係である。郭沫若をリーダーとする文学結社創造社の詩人だった馮大超の作品を、黄はかつて翻訳し、日本の雑誌『詩神』に紹介したことがある。鹿地亘が組織した日本人反戦同盟で行動を共にした馮大超と、黄は桂林で一九三八年頃に会っている。

日本を敗戦に追い込んだことで、党を超えた文化人同士の交流が一時実現したが、長くは続かなかった。『改造評論』創刊号に詩が掲載されたことで、黄瀛は国民党内部で共産党との関係を取りざたされたのかもしれない。黄がその辺の事情をあまり語りたくないようすだったので、私は質問を打ち切った。真相は藪の中である。

佐々木喜善と宮沢賢治

佐々木喜善は柳田国男の著作である『遠野物語』の語り部として知られているが、熱心なエスペランチストだったことはあまり知られていない。

二〇〇三年六月、遠野市立博物館より刊行された『佐々木喜善全集第Ⅳ巻』は喜善の日記を収めており、喜善がエスペラントに傾倒してゆく過程がはっきりと示されている。

ポーランドの眼科医ザメンホフが人工国際語エスペラントを発表したのは一八八七年のことだが、日本でエスペラントが普及しはじめるのは一九〇六年、二葉亭四迷が著した教科書『世界語』が彩雲閣より刊行されてからだ。この本の出版を契機としてエスペラントがブームとなり、同年日本エスペラント協会が設立された（一九一九年、日本エスペラント学会に発展的に解散）。

喜善は当時東京にいて、作家を目指しながら学生生活を送っていた（一九〇七年八月、哲学館＝現在の東洋大学から早稲田大学文学科に転学）。仲間にはエスペランチストであり劇作家として名を馳せた秋田雨雀などがいたから、比較的早くエスペラントのことは知っていたようだ。関心に弾みがついたのは、柳田国男の強力な勧めだった。

スイスのジュネーブで国際連盟の仕事に携わっていた柳田はすでに練達なエスペランチストで、現地のエスペランチストと交流しながら、ヨーロッパの民俗を研究していた。

一九二一年から二二年にかけ、柳田は喜善宛にせっせと手紙を書いた。「エスペラントで物が書けるように早く御なりなさい――」と。

喜善は早速、その勧めに従った。一九二二年に日本エスペラント学会に入会。同会や世界エスペラント協会から、かなり多くのエスペラントの原書を購入していることが日記からうかがえる。一九二二年から翌年にかけての日記では、エスペラントに関する記述が目立つ。

自身の語学力に磨きをかけたばかりではない。すでに帰郷していた喜善は地元の名士である。『岩手評論』や『岩手毎日新聞』など地元の新聞や雑誌にエスペラントの宣伝文を書き連ねたほか、エスペラントの講習会まで主宰する熱の入れようである。当時の岩手県にあって、喜善は随一のエスペラントの広告塔であり、喜善の勧めでエスペラントに関心をもった人はかなりいたようだ。

宮沢賢治もその一人といってよいだろう。エスペラントをもじったイーハトーブ、イーハトーボなどという「理想郷としての岩手」を意味することばを賢治が使いはじめたのは、一九二二年頃のことだ。賢治はエスペラントについてはすでに知っていたが、喜善の文章が刺激を与えたのは間違いない。

特に興味深いのは、賢治が日常的に読んでいた『岩手毎日新聞』との関係だ。編集長の岡山儀七は盛岡中学校の先輩で、森荘已池によれば賢治は岡山を尊敬していた。岡山のおかげで、賢治の作品「やまなし」「氷河鼠の毛皮」「シグナルとシグナレス」が『岩手毎日新聞』に掲載された（一九二三年四月、五月）ことはもっと注目されてよいだろう。同じ時期に喜善の「エスペラントの心持」が『岩手毎日新聞』に掲載されている（同年五月六日、一三日付）。賢治と岡山とのやりとりの中で、エスペラントのことが話題に上ったかもしれない。

喜善と賢治はやがて、手紙を交換するようになり、一九三二年になって初めて会った。同年四月一三日の喜善の日記には、「午後宮沢賢治氏の病室へ行って三、四時間話す」とある。この頃喜善は仙台に転居していたが、エスペラントを教えるために花巻を度々訪れている。賢治とはその折に何度か会い、エスペラントが共通の話題となった。

翌年九月二一日に賢治が、九月二八日には喜善が相次いで生涯を閉じ、岩手県内のエスペラント熱も次第に下火になっていった。

『賢治小景』が描き出す宮沢賢治の人間像

宮沢賢治研究家の板谷栄城さんが新しく上梓した『賢治小景』（熊谷印刷出版部刊）には、賢治をめぐるエピソードが満載されている。編集者の立場からそのエッセンスを少し紹介してみたい。

私がこの本の中で最も興味を覚えたのは「電信柱の『君が代』」というエッセイである。花巻農学校に勤務していたころに執筆したと推定される「十月の末」という作品には、風の中でうなり声をあげる電信柱が登場する。

「ゴーゴー、ガーガー、キイミガアヨオワ、ゴゴー、ゴゴー、ゴゴー」と発声する電信柱は、「賢治のかなり大胆な度胸がうかがえる、興味深い例だ」と板谷さんは指摘している。当時は「君が代」の君、つまり天皇陛下について口にするときは、「気をつけ」の姿勢をしないと、軍隊から学校現場に派遣された将校からほおを殴られた時代であった。

賢治はやがて教師をやめ、私塾・羅須地人協会をはじめるのだが、その時代に労農党に共感、新しく設立された稗和支部に場所を提供したほか、資金面の援助もしている。労農党は国家主義に反対する勢力として言論弾圧の対象となり、一九二八年田中義一内閣により解散を命じられた。その動きと軌を一にするかのように羅須地人協会の活動は終焉を迎えるのだが、花巻農学校時代の賢治は軍国主義が強まってゆく現実に違和感を覚えていたに違いなく、秘かに書き留め、いつ人の目に触れるのかは定かでない「十月の末」に自身の時勢に対するささやかな抵抗の姿勢を示したのではないか。板谷さんの文章は、その時代の賢治の内面を鮮やかに切り取り、紹介したものといえる。

また、板谷さんの盛岡市立高校時代の同僚・佐藤勝一（故人）に、一関一高時代エスペラントを教わった私にとって、盛岡高等農林学校時代の友人・大谷良之やその義妹・安倍キミをめぐるエピソードも面白かった。

このふたりはエスペラントを学んだことがあったが、賢治は特別な理由もないのに大谷のもとを訪ねてきた。どうやら、賢治はキミに気があったようで、そのことが「賢治が、エスペラントに関心を抱くようになった動機や時期を知る上で、貴重な手がかり」だと板谷さんは指摘する。私にとってこの記述は新しい発見だった。

イーハトーブがエスペラントをもじったことばで、賢治とエスペラントの関係の深さは周知の事実である。だが、エスペラントに言及した書物は少ない。

エスペランチストの私はその現実に不満で、拙著（『世界の作家　宮沢賢治』、彩流社）で賢治とエスペラントに関し、証明を試みた。その本の中で、一九一六年五月二日から五月一三日付の『岩手日報』に六回にわたり掲載された田鎖綱紀の講演録「エスペラントとは何ぞや」を賢治が読み、賢治がエスペラントに興味を持ちはじめたと推測したのだ。

そのころ賢治は盛岡高等農林学校二年生で、盛岡に住んでいた。しかも、日本語速記術の創始者・田鎖綱紀は賢治の遠い親戚である。私の推測は、実は確信に近いのだが、今回の板谷さんの文章でその度合いがさらに強まった。広島一中（現広島国泰寺高校）時代からエスペラントを学んだ大谷は賢治と同様、一九一五年盛岡高等農林学校に入学する。親しくなった大谷はエスペラントの存在を賢治に教え、賢治は興味を覚えはじめる。さらに、田鎖綱紀の紹介記事がその後押しをする。そのような過程を経て、イーハトーブということばが生み出されていったと思われる。

『賢治小景』には、そういった知られざる賢治の人間像が紹介されていて、読者は新しい宮沢賢治に巡り合えるに違いない。

宮沢賢治と労農党

盛岡市北山にある教浄寺境内に、宮沢賢治の「僧の妻面膨れたる」で始まる文語詩を刻んだ石碑が建立されたのは、一九九七年三月のことであった。賢治生誕百周年を記念し、元県議会議員・横田綾二さんら教浄寺の檀徒の有志たちが資金集めをし、建碑にこぎつけたのである。一九一四（大正三）年三月、盛岡中学校（現盛岡一高）を卒業した賢治は、翌年一月から三月にかけ教浄寺に下宿した。盛岡高等農林学校（現岩手大学農学部）を受験するためである。碑文の詩は、当時を回想して賢治が後年詠んだものだ。

一九九七年六月八日、除幕式が行われた後に催されたパーティーで、横田綾二さんは賢治の弟である宮沢清六さんと隣合わせになり、歓談した。話題の中心は、綾二さんの叔父・横田義重のことであった。

横田義重（一九〇四－一九四二）は、清六さんの盛岡中学校での同期生だった。白亜同窓会会員名簿（平成一七年版）の大正一一年次（第三六期、通算三八回生）の項に、ふたりの名前が記載されている。

一九二二（大正一一）年三月二一日、清六さんは盛岡中学校を卒業したが、義重は卒業しなかった。中退したのである。ふたりの交際はなおも続いた。

清六さんは卒業後家庭を見ていたが、一九二四（大正一三）年五月徴兵検査で甲種合格となり、一二月一日、一年志願兵として弘前歩兵第三一聯隊に入隊。見習い士官などを経て一九二六（大正一五）年三月三一日、除隊となった。帰郷後は従来の古着・質屋をやめ、宮沢商会を開業。セメント・鉄・釘など建築材料の卸小売りを主に商うようになった。

一方の義重は、その間社会主義に急接近していた。これは、綾二さんの父で、義重の兄である横田忠夫（一九〇〇―一九四〇）の影響が大きい。このふたりは戦前の岩手県における無産運動の代表的な存在である。大山郁夫が委員長となって指導した労働農民党（労農党）の岩手県支部結成に尽力している。

一九二六（大正一五）年一二月一日、花巻町（当時）花巻座で労農党稗和支部が三〇名あまりの参加を得て結成された。花巻農学校の教師をやめ、私塾である羅須地人協会の活動に忙殺されていた賢治は労農党に共感を寄せ、表だった活動には加わらなかったが、カンパをしたり、稗和支部の事務所に出入りしていたという。

もちろん、労農党稗和支部結成の背後には横田忠夫・義重の影があった。義重と清六さんはこの頃たびたび会い、旧交を温めていたという。

「実は、賢治に労農党のことを伝えたのは私なんです」、宴たけなわの席でそう清六さんは綾二さんに語った。清六さんは親友・横田義重から労農党の活動について、逐一報告を受けていた。あるいは、清六さん自身もその理念に共感を覚えていたのかもしれない。だが、花巻の資産家である宮沢家が正面きってその活動に参加することは到底できなかったことだろう。

清六さんのことばは、その後も綾二さんの心に残った。近い将来刊行しようと思っている

『横田家物語』（仮称）には、父・忠夫、母・チエとともに義重のことを詳しく書くつもりという。

＊横田綾二さんは二〇一七年六月一七日、八九歳で死去、その本は刊行されなかった。

エスペラント　再び脚光を

ＪＲ東北線花巻駅を起点として太平洋岸の釜石駅を結ぶＪＲ釜石線は、銀河ドリームラインと呼ばれている。

ここから海岸線を北上し、ＪＲ山田線の浪板海岸駅までの全二九駅に一九九五年、エスペラントの愛称がつけられた。名づけたのは当時宮古短期大学助教授だった佐藤勝一である。

釜石線の前身は岩手軽便鉄道。花巻から仙人峠までを結んでいた軽便鉄道を宮沢賢治はよく利用し、しばしば作品に鉄道沿線の風景を登場させている。

エスペラントは一八八七年、ポーランドの眼科医ザメンホフが発表した人工国際語である。ことばが違うために起こる争いをなくしたい。世界中の人々が分け隔てなく話し合えたら、という平和への思いから作り出されたエスペラントにはトルストイやロマン・ロランなどが熱烈な支持を寄せたが、宮沢賢治も熱心にエスペラントを学んだ一人だった。

賢治がつくった、理想郷としての岩手を意味するイーハトーブは、エスペラントをもじったことばだ。

ＪＲ東日本は釜石線の地域密着経営を目指して、日本を代表するエスペランチストの一人である佐藤勝一に、エスペラントの愛称を依頼したのだ。例えば、民話のふるさとである遠野駅にはフォルクローロ（民話）、めがね橋が近くにある岩根橋駅にはフォルヴォイポント（鉄道橋）といったように、地域にふさわしい愛称がつけられた。駅にエスペラントの愛称がつけられている例は国内にはほかになく、賢治を生んだ岩手ならではの好企画といえる。

佐藤勝一は一関第一高校時代の恩師で、私がエスペラントを続けているのは佐藤勝一の縁による。二〇〇〇年一〇月三日、六二歳の若さで亡くなった。私は遺稿を整理し、『帆船のロマン』（日本エスペラント学会刊）という本にまとめている。

先日、久し振りに釜石線を利用した。エスペラントの愛称は健在だったが、あまり目立たないのが残念だ。来年（二〇〇九年）は、ザメンホフが誕生して一五〇周年に当たる。エスペラントに関心を寄せる人々が再び増えることを期待したい。

＊二〇一一年三月一一日に起こった東日本大震災により、山田線の浪板海岸駅など沿岸部の駅は津波で流され、消失した。

サラリーマン　宮澤賢治の軌跡

宮澤賢治といえば、童話作家や詩人として知られている。だが、有名になったのは亡くなってしばらく経ってからのことで、生前、原稿料をもらったことは一度しかなかったという。

そんな賢治だから、自身を専業作家と意識したことはなかっただろう。家事手伝い・教師・東北砕石工場セールスマン――といった仕事の合間に童話や詩が生み出されたのだ。

賢治について多くの本が出されているが、生活者の視点で書かれた本はごく少ない。そうした事情を踏まえた編集者から「サラリーマンとしての宮澤賢治」に焦点を当て執筆するよう依頼され、完成したのが二〇〇八年九月に出版された『宮澤賢治　あるサラリーマンの生と死』（集英社新書）である。

賢治は農学校教師として四年以上にわたり勤めているが、本書で主に描いたのは、晩年に働いた東北砕石工場での技師兼セールスマンとしての姿だ。

花巻農学校時代の賢治は恵まれていた。初任給は八〇円（八級俸）だが、退職する年には一三〇円（三級俸）にまでなっている。ボーナスが出ていたから、年収は最終年度には一六〇〇円には達していただろう。

これは昭和初期における大学出のサラリーマンの平均年収一二〇〇円より多く、大きな会社がない当時の岩手県では、かなりの高給取りだ。

独身の賢治はこの恩恵を十分に生かし、趣味のレコードや浮世絵を大量に買い求め、本を自費出版することができた。

だが、農民に近づこうとした賢治は農学校教師をやめ、私塾・羅須地人協会を設立する。農民の生活に芸術を採り入れようとしたのだが、病気により挫折。病気が癒え、生前最後に挑戦したのが東北砕石工場の仕事だった。

賢治の祖先は江戸時代、盛岡藩が発注する建設工事の設計監理を担当した大工小頭《こがしら》だった。その血が流れているのか。建築に対する関心は高い。

たとえば、「革トランク」という童話がある。この中で、当時の先端技術、東京でエレベーターやエスカレーターを見たときに感じた驚きを投影させている。

「石っこ賢さん」と呼ばれたほど、石に関心があった賢治は東京で暮らしていた頃、人造宝石を扱う仕事をしたいという事業願望をもっていた。盛岡高等農林学校（現岩手大学農学部）時代は、土性地質調査に携わっており、その知識を生かし、羅須地人協会では農民の肥料設計の相談に応じている。

賢治の生涯は、天職を得るための闘いだったといえなくもない。自分が何者で、どこへ行こうとしているのか。常にそれを問いかけていたような気がする。

東北砕石工場の仕事を、賢治は天職と思ったかもしれない。それまで培ってきた専門知識が生かせる仕事である。技師兼セールスマンとして賢治は、疾走した。ノルマを自ら課し、注文取りに追われる日々。

理想と現実の狭間で苦悩する姿は、書き残した「営利卑賎の徒にまじり」という自嘲のことばからもうかがわれる。

病気になり、東北砕石工場の仕事は実質半年ほどしか続かなかった。「雨ニモマケズ」が書かれたのは、東北砕石工場のセールスマンとして東京に出張したあげく倒れ帰宅して、すぐのことである。

その詩のなかに、「ヒデリノトキハナミダヲナガシ」、「サムサノナツハオロオロアルキ」、「ミンナニデクノボートヨバレ」とある。

「デクノボー」は、賢治自身の姿ではなかっただろうか。ヨレヨレの上着を着て、注文取りに歩き回った賢治には、恵まれていた教師時代に見えなかったものが見えるようになったに違いない。

日々格闘し、生活しているふつうの人々の生活意識が賢治の中に徐々に浸透していったはずである。

死後七〇年以上を経たにもかかわらず、今も人気を保っている秘密は、その辺にあるのかもしれない。

宮沢賢治の思想に沿ったりんごが発売
自然との共生をイメージした「いさりのりんご」

二〇一一年一月一五日、宮沢賢治の共生思想をモチーフにしたりんごがイオン盛岡南ショッピングセンター（盛岡市本宮）で試験販売された（商品名「いさりのりんご」）。

岩手大学田中隆充准教授（当時、現教授）の指導の下、同大教育学部四年の高橋麻由子さんが銀河鉄道やクマのシールをデザインした。

りんごは盛岡市猪去地区の農家が生産したもので、栽培途中のりんごにシールを張り付けてシルエットを形成している。

この取り組みは岩手大学で取り組んでいる「地域課題解決プログラム」の一環で、農学部の鈴木幸一教授、地域連携推進センターの鈴木勝美客員准教授も関わっている。

デザインシールを張り付けての販売はブランド化のための第一弾である。自然との共生は賢治の中心思想であり、「いさりのりんご」についているタグも廃棄されたりんごを使って制作した。

賢治と猪去地区との関係は深い。私は昨年（二〇一〇年六月一六日）、猪去地区の皆さんを前に「宮沢賢治の思想と猪去りんごのブランド化」と題して講演した。

その日には上猪去・箱ヶ森登山道入口傍の歌碑を見ることができた。

碑文はこう記されている。

しろがねの
　雲流れ行くたそがれを
　　箱ヶ森らは黒くたゞずむ

大正六年頃、賢治は箱ヶ森（八六三・五メートル）に登ったという。山頂からは盛岡市街や姫神山など、賢治が歩いたゆかりの風景が一望できるのだが、この歌碑は登山道が整備されたのを記念して一九九六年一一月三〇日に建立された。

猪去地区は岩手の西洋音楽の草分けとして名高い太田カルテット発祥の地でもある。やはり、大正六年六月頃、盛岡弦楽研究会の中心メンバーだった梅村保が盛岡市郊外の太田村に移り、地元の館沢繁次郎、佐々木休次郎、赤沢長五郎と組んで、弦楽合奏の合奏団「太田カルテット」を結成した。

アマチュアの合奏団だったが、東京からプロの演奏家を呼ぶなどして岩手の洋学発展に貢献した。

宮沢清六の述懐によれば、賢治は大正七（一九一八）年頃、初めて洋学のレコードに接した。ベートーベンの「第四交響曲」を聴き、「蓄音機のラッパの中に頭を突っ込むようにしながら、旋律の流れにつれて首を動かしたり、踊りはねたりした」という。

ドビュッシーの「月光」、ベートーベンの「運命」がお気に入りだった賢治は、萩原朔太郎の影響で、音楽を聴きながら詩を書くこともあったようだ。

一九二一年一二月、賢治は稗貫郡立稗貫農学校（後に岩手県立花巻農学校に昇格）教諭となった。

その頃知り合ったのが、花巻高等女学校で音楽を教えていた藤原嘉藤治だった。

嘉藤治は藤原草郎というペンネームで詩を作っており、二人には共通の話題があり、たちまち意気投合した。

嘉藤治は城南小学校に勤務していた頃、太田カルテットのメンバーである原彬からバイオリンやチェロを習った。県の学務課に勤め、音楽教育充実のため尽力していた原は嘉藤治の才能を見抜き、花巻高等女学校の音楽教師に抜擢した。

なお、原彬は原敬の甥で、原敬は大正七（一九一八）年九月二九日、東北人としては初めての内閣総理大臣に就任している。

原彬が県の人事で力を持った背景には原敬の存在があったのかもしれない。

もし、原彬の抜擢がなければ、嘉藤治と賢治との出会いはなかったかもしれず、賢治が嘉藤治から太田カルテットの動向を聞く機会も失われたかもしれない。

賢治は音楽教師である嘉藤治に刺激され、教諭時代チェロやオルガンの独習を開始、演劇に歌曲を採り入れたほか、「星めぐりの歌」の作詞作曲など音楽活動に力を入れた。太田カルテットの存在は、そういった活動に刺激を与えたはずである。

賢治再発見の旅へ

二〇一三年一一月一七日、午前八時に一ノ関駅で待ち合わせた後、一九人の「賢治再発見の旅」参加者はバスに乗った。いつも文学の旅の解説をしてくださる及川和男会長は今回不参加。畠中祥夫副会長による高村光太郎、宮沢賢治に関するエピソードを聞きながらバスは花巻へと向かう。途中米地文夫先生（故人）が同乗し、ほどなく最初の見学地、新設オープンした高村光太郎記念館前に到着した。

一九二六年一二月二六日頃、宮沢賢治は駒込のアトリエに高村光太郎を訪ねている。一九二五年四月、草野心平は詩の同人誌『銅鑼』を創刊したが、磐城中学校の後輩・赤津周雄《ちかお》から送ってもらった『春と修羅』を読み、賢治の才能に驚嘆、同人へと誘う手紙を賢治に書いた。賢治からはすぐに同人として参加するという承諾の手紙が届き、以後賢治には詩の仲間が増えていった。高村光太郎も『銅鑼』に参加した詩人のひとりで、賢治は光太郎を尊敬し、約束もなしに訪ねたのである。

とはいえ、光太郎はその頃、十分に賢治の才能に気が付いていなかったこともあり、ふたりの出会いは玄関での立ち話に終わっている。賢治の才能に光太郎が気付くのは一九三三年に亡くなって以後のことで、賢治全集の装丁をしたほか、「コスモスの所持者」と賢治の才能を絶賛する文章を書いている。その縁もあり、光太郎は第二次世界大戦後、花巻市郊外で七年間過ごした。高村山荘にはその名残りが漂っていた。新しい記念館では彫刻家、書家としても才能を発揮した痕跡が展示されており、私にとっては「光太郎再発見」の旅となった。

今回の旅のメインは賢治の寓話「黒ぶどう」のモデルとされる旧菊池悍《まもる》邸（一九二六年建立）を訪ねることにあった。米地文夫先生と共に建物の保護に尽力していた木村清且氏のご厚意もあり、特別に建物を見学できた。なお、新しく建てられた高村光太郎記念館は木村氏の設計という。米地先生の主として文学的な側面からの解説に加え、木村氏から建築的な側面から解説を聞けたことは幸いだった。賢治のことばを借りれば、「こんなことは実に稀です」(「革トランク」)。

菊池悍(一八七〇―一九四四)は新渡戸稲造に英語を学び、札幌農学校卒業後は全国の農事試験場長として活躍した人だが、その妻淑子は北海道帝国大学初代総長・佐藤昌介の妹であり、島崎藤村の恋人・佐藤輔子の妹でもある。賢治は花巻農学校時代の一九二四年五月二一日、生徒を引率して札幌に佐藤昌介を訪ねたことがあり、菊池悍の妻が昌介の妹だということは知っていたかもしれない。旧菊池悍邸は洋館には珍しく本玄関と脇玄関とがあり、脇玄関の存在が「黒ぶどう」のモデルという決め手となったという話は興味深かった。賢治のルーツは盛岡藩で大工の棟梁を束ねた小頭であり、藩政時代花巻周辺の神社仏閣は賢治の祖先により設計監理がなされてきた(拙著『宮澤賢治　あるサラリーマンの生と死』、集英社新書参照)。つまり、賢治には建築家の遺伝子が備わっているのである。そのこともあり、賢治は相当建築にうるさいし詳しい。おそらく、わくわくしながらこの建物を眺め、作品に生かしたと推測される。

羅須地人協会跡、賢治の墓がある身照寺、賢治の母方の実家を訪ねることができたことも収穫だった。花巻商工会議所会頭を務める宮沢啓祐氏に自ら「産湯の井戸」の解説をしていただいたことは感激した。

昼食をはさみ宮沢賢治記念館を見学した後、花巻農学校へ。羅須地人協会の建物が移築されているほか、「精神歌」の詩碑もあった。賢治は生前一度しか原稿料をもらえず、ほとんど無名で生涯を閉じたが、没後八〇年を経て人気は衰えを見せず、賢治の存在はますます輝きを増している。そのことを実感した、盛りだくさんの旅となった。

最後に旅を実りあるものにしていただいた米地文夫先生、木村清且さん、宮沢啓祐さん他の皆さんに感謝申し上げます。

草野心平・黄瀛と宮沢賢治

草野心平の業績は、一言でいえば賢治の才能を逸早く発見したことである。海のものとも山のものともしれない賢治について、心平は『詩神』（一九二六年八月号）の「三人」という文章で「現在の詩壇に天才がゐるとしたなら、私はその名誉ある『天才』は宮澤賢治だと言ひたい。世界の一流詩人に伍しても彼は断然異常な光を放っている。彼の存在は私に力を与える」と書いている。

今考えれば、心平の慧眼はまさに驚嘆すべきである。現在賢治を天才と評価する人は大勢いるが、一九二六年の時点で、自費で『春と修羅』『注文の多い料理店』を出版したばかりの賢治を高く評価する人はほとんどいなかった。

心平は一九〇三（明治三六）年、福島県いわきに生まれた。一九二〇年、慶応の普通部三年に編入したが、慶応には通わず、昼は正則英語学校、夜は善隣書院に通い語学の勉強をした。当時の日本人としては極めてまれなことに、一九二一年中国に渡り広州の嶺南大学に留学した。

その頃すでに詩を書いていた心平は、青島日本中学校で詩を書いていた黄瀛と文通を始めた。一九二三年のことだ。黄瀛は一九〇六年重慶に生まれた。中国人の父、日本人の母の間に生まれたが、幼くして父が亡くなったため、母の故郷である千葉県八日市場で育つ。東京の正則中学校を経て青島日本中学校に編入。この頃より詩作を始めている。一九二五（大正一四）年、当時の代表的な詩誌『日本詩人』（新潮社発行）で、「朝の展望」と題する詩が第一席に輝き、一躍詩壇の寵児となる。そのおかげで高村光太郎、木下杢太郎、草野心平らとの交友が生まれるが、中でも心平との関係は緊密だった。

「いったいあなたは日本人なのでしょうか。中国人なのでしょうか」という風変わりな手紙が黄瀛から心平に寄せられ、文通が始まったのである。中国で留学生活を送り、日本の詩の雑誌に投稿していた心平は、黄瀛には不思議な存在に思えたようだ。

一九二五年四月、心平は黄瀛らとともに詩誌『銅鑼』を創刊した。やがて、磐城中学の後輩・赤津周雄から『春と修羅』が送られてきて、心平は一読し宮沢賢治の才能に気づくのである。

賢治は一九二四（大正一三）年に詩集『春と修羅』、童話集『注文の多い料理店』を自費出版しているが、ほとんど反響がなかった。だが、数は少ないながらも賢治の才能を発見した人々がいた。そのひとりが草野心平である。

　賢治の才能を見出した心平は賢治に『銅鑼』の同人にならないかという誘いの手紙を書き、賢治は承諾した。『銅鑼』第四号に「命令」「未来圏からの影」を発表、以後次々に賢治の作品が掲載される。妹トシの死に際して書かれた「永訣の朝」は『銅鑼』に発表された。

　賢治と心平、黄瀛との橋渡しをした人物として重要なのは森荘已池である。一九〇七年生まれの荘已池は、一八九六年生まれの賢治より十一歳若いが、すでに岩手詩人協会の代表的な詩人だった。賢治とは盛岡中学在学中にすでに知り合っていた。後に直木賞作家となる荘已池だが、その頃は詩作に没頭していたのである。荘已池は盛岡中学校卒業後上京し、東京外国語学校専修科（夜学）でロシア語を学習。賢治の推薦で『銅鑼』の同人となった。同人となったのは第八号からで、すぐに『銅鑼』の集まりに顔を出している。心平をはじめとする『銅鑼』の同人たちは賢治本人とは会ったことがなく、荘已池を通して賢治の人となりを聞き出そうとした。

　心平は詩壇のオルガナイザーとして力量があった。サトウハチローなど『銅鑼』の同人だけではなく、多くの詩人たちが心平の周りに集まって来たのである。賢治が自費出版した童話集『注文の多い料理店』はほとんど売れず、「友達にあげてください」という意味の私信と共に心平宛に送られてきた。

　心平は友人たちに『注文の多い料理店』をあげるが、このことが後に賢治に恵みをもたらす。たとえば、尾形亀之助の主宰する雑誌『月曜』に「オツベルと象」「ざしき童子のはなし」「猫の事務所」が、佐藤一英が主宰する雑誌『児童文学』に「北守将軍と三人兄弟の医者」「グスコーブドリの伝記」が掲載されたのである。

詩壇の大御所だった高村光太郎を心平に紹介したのは黄瀛で、彫刻家でもあった光太郎は「黄瀛の首」を製作している。この作品は土門拳により撮影されたが、後に空襲で焼失した。賢治、心平、黄瀛は皆光太郎を尊敬していて、詩作にしのぎを削っていたのである。

一九二九（昭和四）年六月賢治に会いたいと思っていた黄瀛にその機会が訪れた。黄瀛は陸軍士官学校に進学していたが、卒業旅行で花巻温泉を訪れた際のことだ。花巻温泉は一九二七年に株式会社となり、その頃すでに全国有数の観光地として知られていた。同年七月、東京日日・大阪毎日新聞社が主催した「日本新八景」人気投票では最高点を獲得している。卒業旅行先が賢治の住まいと目と鼻の先にあったことは幸運だった。黄瀛は上官の許可を得て、旅行の合間に賢治を訪ねることにした。人力車を飛ばした。目的地に着くと、賢治の弟・清六が応対した。賢治は病床にあったが、黄瀛が訪ねてきたと聞くと起き上がり、一時間ばかり話をした。ふたりはお互いの才能を認め合っていたので、すぐに打ち解けた。ダジャレが好きな賢治は黄瀛に「お会いできてコウエイです」と言った（そのことを私は黄瀛本人から聞いた）。

ネットワーク能力に優れた心平と出会うことで、賢治の才能を知る人は次第に増えていった。生前ほとんど無名で終わり、生涯に一度しか原稿料をもらわなかった賢治だが、死後有名になったのは心平の貢献が大きいといえる。

生前賢治と会うことがなかった心平は、賢治の死後宮沢家を訪れた。死の翌年、昭和九年一月に費用の大部分を宮沢家が出して『宮沢賢治追悼』が出版された。八三頁、限定百部のささやかな出版だった。なお、黄瀛はたった一度の出会いを「南京より」という文章で記している。同年二月二六日、宮沢清六が上京し、新宿にあった喫茶店モナミで心平らと会う。これが第一回宮沢賢治友の会となり、高村光太郎、尾崎喜八、菊池武雄、永瀬清子らが出席した。同年一〇月には『宮澤賢治全集』（文圃堂版、全三巻、八百部）の刊行が開始されたが、装丁は高村光太郎だった。こうして、賢治の文名は徐々に高まっていったのである。

私は一九九二年八月一〇日、重慶で黄瀛に初めて会った。その後取材を重ね、本を書いた（『黄瀛―その詩と数奇な生涯』）。国民党の将校だった黄瀛は共産党独裁下の中国では、辛酸をなめた。その生活が好転するのは中国が開放政策に舵を切ってからである。一九七九年、四川外語学院教授となった黄瀛は「日本文学」を教えるようになったが、授業の中で真っ先に宮沢賢治を取り上げたことを強調しておきたい。この場所から、中国での賢治研究が始まったといってもよい。黄瀛の下からは、多くの日本文学研究者が育っており、賢治作品の翻訳も教え子たちの手でなされている。

私が最後に黄瀛に会ったのは、二〇〇〇年七月九日のことだ。この日、日本で初めて黄瀛の詩碑が千葉県銚子に建てられることになり、黄瀛は中国中央テレビに勤務している孫娘の劉嘉と来日していたのである。関谷祐規という銚子出身の詩人と親交があった縁で、「銚子にて」

という詩の一部が石碑として刻まれた。

黄瀛はもう一度清六さんに会いたいと望んだが、宮沢清六は病床にあり、面会はかなわなかった。黄瀛はいわきに新しくできた草野心平記念館に足を伸ばし、交友が六〇年に及んだ心平を偲んだ。

黄瀛は二〇〇五年七月三〇日、数えで百年に及んだ生涯を閉じた。

タッピング一家と宮沢賢治

二〇一三年三月一四日、岩手県内で最も歴史がある盛岡幼稚園の創設者で、宮沢賢治とも親しく交際したタッピング夫妻の孫、ケン・クラーク・タッピングさん（七七）が盛岡市を初めて訪れゆかりの地を訪問した。

ケンさんは兵庫県明石市で生まれ、一〇歳ごろまで同県姫路市で過ごした後、米国へ。大学で災害危機管理学などを学び、カリフォルニア州の地域管理部門などで活躍した。京都大学で教授をしていた時期もあるが、現在はカリフォルニア州立技術専門大学講師として、災害危機管理を研究・指導している。

今回の来日は、岩手大学で同日午後開催のＧＳＰプロジェクト（リスクと不確実性に着目した災害からの持続的復興）に国際調査団員として参加するためで、前日（三月一三日）ケンさんらは、二〇一一年三月一一日に起こった東日本大震災に見舞われた三陸海岸の被災地を視察した後、盛岡入りした。

盛岡で最初に訪れた盛岡幼稚園は、ミセス・タッピングと長岡栄子（女優長岡輝子の母）が一九〇七年に開園したもので、ケンさんらは園児に歌で歓迎された。一行は同園第一四代坂本洋園長と共に、盛岡城跡公園に移動した。

盛岡城跡公園内には宮沢賢治の文語詩「岩手公園」の詩碑が建っており、タッピング一家と賢治との交流を伝える説明が記されている。私は岩手大学内宮澤賢治センター事務局長の立場でケンさんと会い、通訳を介して賢治とタッピング一家との交友について語った。

一九七〇（昭和四五）年一〇月二一日、「賢治の詩碑を岩手公園に建てる会」により除幕された詩碑には、次のように刻まれている。

「かなた」と老いしタピングは
杖をはるかにゆびさせど
東はるかに散乱の
さびしき銀は聲もなし

なみなす丘はぼうぼうと
青きりんごの色に暮れ

大学生のタピングは
口笛軽く吹きにけり

老いたるミセスタッピング
「去年《こぞ》なが姉はこゝにして
中学生の一組に
花のことばを教へしか」

弧光燈《アークライト》にめくるめき
羽蟲の群のあつまりつ
川と銀行木のみどり
まちはしづかにたそがる、

賢治

一八五七年七月二六日、ヘンリー・タッピングは米国ウィスコンシン州デルトン町に生まれた。一八八六年に結婚、コロンビア州ベネディクト大学教授を経て、一八九五（明治二八）年関東学院の前身・東京学院の創立に協力するために来日し、東京学院教授となった。

盛岡に滞在したのは一九〇七（明治四〇）年から一九二〇（大正九）年にかけてで、盛岡浸礼協会宣教師として盛岡中学や盛岡高等農林学校で英語を教えた。

宮沢賢治は盛岡高等農林学校一年生のとき（一九一五年四月～）、級友・出村要三郎を誘って、教会で開催されたタッピングの聖書講座を受講している。英語を教わることで一家とも親しく交わった。

なお、大正五年三月に作られた次の短歌にも、「タッピング」が登場している。

プジェー師や
さては浸礼教会の
タッピング氏に
絵など送らん

賢治はほぼ同じ時期に盛岡天主公教会を訪れており、そこで日本の芸術に造詣が深かったアルマン・プジェー神父とも交際した。プジェーは日本の絵画、特に浮世絵に対する関心が強く、後に浮世絵コレクターとなる賢治に影響を与えた人物だ。

詩「岩手公園」中の「ミセスタッピング」はドイツのフレーベルの学校で幼児教育学を学ん

だ。その体験を生かし、長岡栄子と教会附属の盛岡幼稚園を創立した。

タッピング一家は一九二二年に横浜に移り、伝道活動に従事した。一九二七年に宣教師を引退し、晩年は一家で賀川豊彦の活動を支援し、日本で没した。

タッピング夫妻には娘のヘレン、息子のウィラードというふたりの子供がいたが、ケンさんはウィラードの子どもである。「大学生のタピングは」と記されているのがウィラードであり、賢治より三歳若い（一八九九年生まれ）。「なが姉」＝ヘレンは二七歳くらいで、教会で英語を教えた。ウィラードは父親と同様、宣教師の道を歩み、妻となったエバリンと共に、関東学院大学で教えた。一九六二年、同大学内には夫妻について刻まれた「タッピング・ポンド」が造られた。二〇〇六年、校舎が新築されるに伴い、「タッピング・ポンド」も新たに造られた。

タッピング一家のネイティブな英語に触れることで、賢治は英語好きになったと推測される。

賢治は大正一〇（一九二一）年一二月、稗貫郡立稗貫農学校（後に岩手県立花巻農学校に昇格）の教諭となった。同僚の白藤慈秀によれば、賢治の受け持ちは代数、農芸化学、土壌のほか、英語も教えた。賢治の一番の得意は英語のようだった、と白藤は述懐している（森荘已池『ふれあいの人々　宮澤賢治』、熊谷印刷出版部刊）。

実際賢治は英語が堪能で、原書も数多く読んでいた。

大正七（一九一八）年六月六日、父政次郎宛の手紙には丸善が登場している。賢治は盛岡高等農林学校（現岩手大学農学部）卒業後、岩石学を学んだ恩師関豊太郎から依頼され研究生として残っていた。

稗貫郡の土性地質調査に取りかかりはじめたばかりだったが、賢治は丸善から洋書を取り寄せて専門の勉強に余念がなかった。

その手紙には、賢治はデナ著『鉱物学教科書』、ハアカア著『学生用岩石学』、オストワルド原著・フィンドレイ英訳『無機化学原理』、フィンドレイ著『相律及ソノ応用』を入手した喜びがあふれている。

ほしかった二冊の本は在庫がなく、海外から着荷次第連絡してくれるよう丸善に依頼している。

むさぶるように海外の専門書を読み、専門知識を吸収した賢治の姿が垣間みれる。

若き日にタッピング一家と親しく付き合った日々は、賢治にとって甘美な思い出のひとつだったのだろう。病床にあった賢治が一九三三年八月二二日に清書を終えた「文語詩稿一百篇」の一篇がこの「岩手公園」の詩である。

詩の中で、「川と銀行木のみどり」とある。この「銀行」は現在の岩手銀行赤レンガ館、当時は盛岡銀行本店だった。赤レンガの外壁が美しい建物で、やはり辰野金吾・葛西萬司（盛岡出身）のコンビで設計された東京駅と外観がとてもよく似ている。なお、母方の叔父・宮沢恒治は盛岡銀行創立に参加しており、賢治は余計親近感を覚えたかもしれない。

当時周辺は銀行街で、近くにはもりおか啄木・賢治青春館（旧第九十銀行、一九一〇年竣工、横浜勉が設計）が現存している。

「川」は近くを流れる中津川だが、サケが上る川として知られている。一九五六年中津川にコンクリートの堤防を作ろうという動きがあったが、反対運動により実施を阻んだ。一九七一年に自然環境保全条例が制定されるなど、盛岡市民は自然環境を守ろうという意識が高い。そのために自然は多く残されている。賢治とタッピング一家が交際して一世紀近く経つが、「岩手公園」で記された周辺の風景はそんなに損なわれていないのではないか。そういった私の説明をケンさんは、にこにこしながら聞いていた。祖父母から、盛岡のことを伝え聞き、英語を教えた賢治が有名な作家となったことを知り、ぜひ盛岡を訪ねてみたかったのだという。この日の記念だと、ケンさんは私にサイン入りの絵はがきをくれた。私にとっても、思い出深い一日となった。

宮沢賢治の夢を育んだエスペラントと「雨ニモマケズ」

二〇〇七年八月四日〜一一日、横浜で世界エスペラント大会が開催され、世界五七か国から一九〇〇〇人ほどの参加者（日本からは約千人）が集まった。一九六四年に東京で開催されて以来、日本では四十三年ぶりの開催だった。

私は開会式に臨み、このことばが今尚、生きたことばだと再認識した。残念ながらアフリカからの参加者はなかったものの、世界各地から訪れた参加者が次々に壇上に立ち、通訳を交じえずひとつのことばで挨拶したのだ。エスペランチストの間では自明のことだが、いざ多くの人々がエスペラントで挨拶したのを聞くと感動が沸き起こって来た。あるいは、新渡戸稲造もまた、似たような感慨を覚えたかもしれない。

一八八七年、ポーランドの眼科医ザメンホフが考案した人工国際語エスペラントは一三〇年近く生きながらえており、毎年世界のどこかで世界大会が行われている。

一九二一年七月三一日、チェコのプラハで開催された第一三回世界エスペラント大会の開会式に新渡戸稲造の姿があった。その頃新渡戸は国際連盟事務次長としてスイスのジュネーブにいたが、国際連盟を代表して挨拶したのである。

新渡戸はエスペラントを話さなかったので英語で挨拶したが、エスペラントの擁護者の役割を果たした。

新渡戸が世界エスペラント大会に出席したことがきっかけとなり、国際連盟では「国際語」について真剣に討議された。新渡戸が国際連盟に提出した報告書が発端となり、「母国語の違う者が通訳を介さないで国際交流をするために、すべての国の子供たちに、母国語のほかにもう一つ学びやすいことばを学校で勉強させよう。それにはエスペラントがよいのではないか」という議論が沸き起こった。

この問題に対し、日本、中国、インド、アルバニアなどが賛成したが、常任理事国であるフランスの強硬な反対にあい、この案は結局否決された。

そのとき、新渡戸は「エスペラントは国際民主主義の原動力である」としてエスペラントを支持する発言をした。実際に世界大会に参加し、世界各国の人々がエスペラントを自在に話すのを間近に見た新渡戸はエスペラントの効用を認識したに違いない。

新渡戸が主導した国際連盟でのエスペラント採用論議に触発され、やはり国際連盟の仕事でスイスに来ていた柳田国男がエスペラントに関心を深め、佐々木喜善にエスペラントを勧めたことは特記しておきたい（柳田国男とエスペラントに関しては、岡村民夫『柳田国男のスイス』、森話社、二〇一三年に詳述されている）。

新渡戸の働きは日本へと波及し、当時の有力な総合雑誌『改造』が「エスペラント特集号」を出した（一九二二年八月号）。この号には秋田雨雀、黒板勝美、ラムステットなどがエスペラントに関する文章を寄稿し、やがて『改造』では小坂狷二によるエスペラント講座が開始された。

その結果、この時期、日本ではエスペラントを学ぶ人が増大した。宮沢賢治もそのひとりで、イーハトーブというエスペラントをもじったことばを使い始めるのは一九二二年頃のことだ。一九〇九（明治四二）年六月二五日、盛岡中学校に入学したばかりの賢治は一高校長であった新渡戸の講話を聞いたことがあるが、エスペラントに関して新渡戸の感化を受けていたと推測される。一九〇〇年に新渡戸が英文で出版した『武士道』は世界的なベストセラーになっている。賢治にとって新渡戸は上京して故郷に錦を飾り、世界的なベストセラーを生み出した畏敬の存在として認識されていたに違いない。

なぜ賢治がエスペラントに関心を抱いたかといえば、それぞれの民族語を尊重しつつすべての民族に共通な国際語を採用することで民族間の対立を抑えたいというザメンホフの思想に対する共鳴、今後エスペラントが国際語として普及するかもしれないという期待、その二つの大きな側面からである。賢治は一九二六年六月「農民芸術概論綱要」をまとめたが、その中に出て来る「世界がぜんたい幸福にならなければ個人の幸福はありえない」ということばは、エスペラントの内在思想であるホマラニスモ（人類人主義）に通底している（佐藤竜一「エスペラントの思想」、天沢退二郎・金子務・鈴木貞美編『宮澤賢治イーハトヴ事典』所収）。

一九二六年一一月、盛岡高等農林学校の友人小菅健吉が花巻に賢治を訪ねて来た。その際賢治は小菅に対し、「世界の人々に解ってもらうようエスペラントで発表するため、その勉強をしている」と語ったという（『校本宮沢賢治全集』第十四巻「年譜」、筑摩書房、一九七七年）。

同年一二月、賢治は七度目の上京をし、丸ビルにあった旭光社でエスペラントを習った。また、フィンランド公使ラムステットによる講演を聞き、「やっぱり著述はエスペラントによるのが一番だとも云ひました」とラムステットからいわれたことを記している（同年一二月一二日、父政次郎への手紙）。

賢治はエスペラントの学習を続けたが、エスペラントでの著述を実現するまでには至らなかった。だが、たとえば、「ポラーノの広場」で盛岡をモリーオ、仙台をセンダードと記すなどエスペラント表現を積極的に作品の中に採り入れている。当時すでにエスペラント界では長崎を「ナガサーコ」、大阪を「オサーコ」、東京を「トキーオ」と表現する動きがあり、これを地名のエス化と呼んでいるのだが、賢治が盛岡を「モリーオ」などと表記したことはこうした地名のエス化の流れを認識していたと推測される。

世界で読まれることを夢見た賢治だが、生前は一度しか原稿料をもらえず、日本でさえ無名の作家として生涯を閉じた。

死後、草野心平、高村光太郎らの尽力により、賢治の文名は次第に高まるが、エスペラントも一定の役割を果たしたことをここで紹介しておきたい。

一九四〇年六月、野島安太郎（一九〇六——一九八九）が京都で出されていた全文エスペラントの雑誌『Tempo』（時）六五号に、「雨ニモマケズ」のエスペラント訳「Ne venkeblan de la pluvo」を発表したのである。

野島は中学二年時に千布利雄『エスペラント全程』を読み、エスペラントを独習した。京大建築学科卒業後、建築技師として京都市役所、大阪学芸大・神戸大・京大、文部省に勤めながら、エスペラントによる日本文学の翻訳に力を注いだ。その発表舞台は専ら、一九三四年に創刊された『Tempo』だった。野島は『Tempo』の編集長中原脩二を訪ね、一九三七年から編集に参加した。武者小路実篤の『友情』、芥川龍之介の『河童』などが相次いでエスペラントに訳され、世界の読者に紹介された（野島安太郎『中原脩二とその時代』）。

当時は軍国主義の影響が強い時代だった。エスペラントの雑誌を発行すること自体、危険視されていた。実際野島は一九三八年と一九四〇年の二度にわたり、特高に検挙されている。『雨ニモマケズ』のエスペラント訳発表も匿名（H）によるもので、『Tempo』は第六六号で廃刊に追い込まれた。

果たして、『Tempo』の部数はどのくらい出ていたのか。当時を知る人に尋ねたことがあるが、わからなかった。せいぜい五百部程度と推測される。エスペランチストの横の連絡は強く、外国人エスペランチストが来日したり、文通したりといった交流はとぎれずに続いていた。エスペラントは「危険な言語」とみなされながらも命脈を保ち、世界各地で原作や翻訳が生み出されていた。「雨ニモマケズ」は少数とはいえ、逸早くエスペラントの世界で読まれたのである。なお、野島安太郎はその後、「セロ弾きのゴーシュ」もエスペラントに訳している。

「世界の読者に読まれたい」と思い、エスペラントに接近した賢治だが、その願いは死後、野島安太郎という媒介者を通して実現したといえるかもしれない。

なお、雨ニモマケズは野島安太郎がエスペラントに翻訳した少し前に銭稲孫により中国語に訳されている。一九四一年四月、北京近代図書館が編集した『日本詩歌選』に収められた。

銭稲孫は若い頃日本に留学、日本文学に造詣が深い学者として有名な人だ。一九三七年に日中戦争が勃発し、やがて北京は日本軍に占領された。銭稲孫はそれでも北京に留まり続け、日本研究を続けた。万葉集や日本の詩人たちの作品が銭稲孫により中国の読者に紹介されたのである。賢治作品は現在世界で読まれているが、銭稲孫も賢治を世界的な存在にする上で大きな貢献をした一人だった。

詩人黄瀛生誕一一〇周年記念国際シンポジウムに参加して

この度、中国重慶を二四年ぶりに訪れる機会に恵まれた。二〇一六年一〇月二二日に開催された、四川外国語大学主催の国際シンポジウム「方法としての越境と混血─詩人黄瀛生誕一一〇周年を記念して─」に招かれて講演をしたのである。

一九九二年八月一〇日、私は初めて重慶を訪れ、四川外語学院（当時）教員宿舎に住んでいる黄瀛に会った。宮沢賢治、草野心平などの思い出を直接聞いた私は黄瀛本人に興味を覚え、帰国後初めての単行本『黄瀛─その詩と数奇な生涯』（日本地域社会研究所）を出版した。そのことがきっかけとなり私は賢治の本を熱心に読むことになり、研究者として多くの本を出すことになった。宮沢賢治生誕一二〇周年の今年、宮沢賢治学会イーハトーブセンター理事として「黄瀛展」を実現するとともに、以前出した本を増補し『宮沢賢治の詩友・黄瀛の生涯』（コールサック社）として出版できた。そうした一連の出来事が思い出され、感慨深い気持ちになったが、土の匂いのする地方都市に過ぎなかった重慶の街は摩天楼がそびえたつ巨大都市に変貌を遂げており、二四年という歳月を感じた。

国際シンポジウムの基調講演は王敏（法政大学教授）と私が行った、王敏は教え子としての立場から、黄瀛により宮沢賢治の存在を教えられ、日本に留学することになった自身の歩みを語った。私は伝記作家としての立場から、黄瀛に関心を抱き本を書く経緯を語った。「越境と混血」、そのことばはまさに黄瀛を象徴することばである。中国人を父に、日本人を母に生まれた黄はその出自故に、国境を越えなくてはいけなかった。そのことは苦難をもたらしたが、詩作の上では幸いした。他の日本人には真似のできない独特のリズムが黄の詩には紡ぎ出され、詩壇の寵児となる重要な要素となったのだ。とはいえ、「混血」ということばは嫌いだと私は直接、黄瀛本人から聞いたことがある。中国籍ゆえにいじめられ、日本人として生きることを断念させられた黄は軍人の道を歩んだが、「混血」は苦い体験ももたらしたのである。私は、そうしたエピソードを披露した。

黄瀛に関しては他に、楊偉（四川外国語大学日本学研究所長）、岡村民夫（法政大学教授）が研究発表を行った。会場には全国から集まった日本語・日本文学を学ぶ中国人学生を中心に、八〇人ほどが聴衆として集まった。黄瀛がこの大学で日本語や日本文学を教え始めたのは一九七九年頃のことだが、それから三七年が経過した。黄瀛がまいた種は着実に花を咲かせ、優れた日本学研究者が育ってきている。そのことが実感でき、とてもうれしかった。

宮沢賢治と一関

童話作家・詩人として有名な宮沢賢治は、しばしば一関を訪れている。堀尾青史『宮澤賢治年譜』などに拠り、その足どりをたどってみたい。

一八九〇（明治二三）年四月、東北本線一ノ関駅が開業し、同年一一月には花巻・盛岡駅が開業、翌年には青森まで路線が延びている。鉄道が岩手県の南北を縦断したのである。一八九六（明治二九）年八月二七日、現在の花巻市に生まれた宮沢賢治にとって、一関は鉄道で行ける場所であり、比較的身近な場所に思えたと推測される。

賢治が目的意識をもって初めて一関を訪ねたのは、おそらく一九二三（大正一二）年三月四日のことだ。賢治は一九二一（大正一〇）年一二月三日、稗貫郡立稗貫農学校（一九二三年四月、岩手県立花巻農学校に昇格）教諭となったが、そこで同僚となったのが堀籠文之進だった。堀籠は一八九九（明治三二）年六月二三日生まれで、賢治と同様盛岡高等農林を卒業した後輩である、この日は日曜日だったが、賢治は親しい間柄の堀籠を誘って一関に出かけた。

賢治は英語が好きで、得意でもあった。花巻農学校で同僚だった白藤慈秀は、「宮沢君の一番の得意は、英語のようでした」と述懐している（森荘已池『ふれあいの人々　宮澤賢治』）。賢治の提案で、二人は一関に着くまで、ずっと英語で話した。当時花巻から一ノ関までは、およそ一時間半ほどかかった。

一関訪問の目的は歌舞伎見物である。当日何を見たかは明らかではないが、一関は元々仙台藩の支藩である田村藩のお膝元であり、『忠臣蔵』や平泉と縁が深い『勧進帳』がかかっていたのかもしれない。午後四時に開幕し、芝居がはねたときは午後十時を回っていた。

もう、花巻に帰る列車はない。ふたりは磐井川に架かっていた橋を渡り、飲み屋街へと繰り出した。二人とも酒はあまり好きではなく、もっぱら食べる方に集中したらしい。十二時を過ぎたので勘定を済まし、外に出た。街はすっかり暗く静まりかえっていた。

二人は山目に出て、国道沿いに平泉駅を目指して歩いた。あたりは真っ暗で、わずかに月灯りだけが頼りだった。二時間ほど歩くと、電灯が見えて来た。平泉駅だった。ふたりは待合室に入り、木のベンチに横たわった。夜明けとともに、ふたりは盛岡行きの一番列車で花巻に戻った。

賢治は千厩も訪れている。一九二五（大正一四）年の秋、岩手県主催の農業教育研究会に花巻農学校教諭として参加したのだ。その会に出席した県視学の新井正市郎は「初対面の私達が十年の知己のように打ち解けたのは二人はほぼ同年であり、私も就任日が浅くまだ役人らしくなかったためであろう」としている（堀尾青史『宮澤賢治年譜』）。

当日賢治はおそらく一ノ関駅でバスに乗り薄衣で下車、千厩までの乗り合いバスに乗った。バスが途中横転して桑畑に落ちた話や室根山にひとりで登った話などを、賢治は新井にしたという。

賢治は一九三一年、黒沢尻高等女学校校長（現北上湘南高等学校）となった新井を訪ね、ギンドロの苗を贈った。ギンドロはヤナギ科の落葉高木、「ウラジロハコヤナギ」のことで、賢治が大好きだった植物で生長が早い。賢治の父・政次郎は「賢治は早死にすることを悟っていたためか、こうした早く大きくなる木を植えるのが好きだった」と回想している（森荘已池『ふれあいの人々　宮澤賢治』）。現在その苗は大木に成長し、北上湘南高等学校に現存している。

一九二五年一ノ関と陸中松川との間に大船渡線が開通した。賢治は一九三一（昭和六）年二月から七か月ほど、陸中松川駅近くにあった東北砕石工場で技師兼セールスマンとして働いた。賢治は陸中松川駅には何度も下車したが、私はそのことを著書（『宮澤賢治　あるサラリーマンの生と死』、集英社新書）に詳述したので、ここでは触れない。

石川啄木と一関

石川啄木と一関との縁は、明治三三（一九〇〇）年七月下旬に始まる。当時盛岡中学校三年生の啄木は、三陸沿岸旅行に出かけたが、その折に一関を訪ねたのである。

七月一八日、担任の富田小一郎と石川啄木、阿部修一郎、小野弘吉、船越金五郎、川越千代司、佐藤二郎、宮崎道郎、伊東圭一郎は朝五時半盛岡発の列車に乗り、水沢で下車、中尊寺を経て徒歩で一関に向かった。

伊東圭一郎によると、途中、啄木は富田小一郎の口真似を盛んにしたという。啄木にとって富田は愛すべき恩師で、「よく叱る氏師ありき髯の似たるより山羊と名づけて口真似もしき」

と歌に詠んでいる。

一行は一関・大町にあった旅館「亀屋」に一泊した。夕食の際、女中をてんてこ舞いさせるほど、皆はお代わりをした。啄木は十一杯ご飯を食べたという。

夕食後、富田だけが一人部屋で、生徒たちは大部屋で雑魚寝した。伊東圭一郎によると、啄木が放屁したことが機縁となり、放屁競争が行われたという（『人間啄木』、岩手日報社）。啄木にとって、一関は恩師や仲間たちと楽しい時間を過ごした懐かしい地域だったに違いない。

一関とは、丸谷喜市を介しての縁もあった。明治四五（一九一二）一月一一日の日記にこう、記されている。

もう午近くなつて丸谷君が来た。暮から一の関の許嫁の処へ行つてゐたのか、今朝帰つて来たのださうだ。豆銀糖と林檎を持つて来て、町の片側に雪の残つてゐた北国の静かな町の話をした。

丸谷喜市は明治二〇（一八八七）年一〇月、函館に生まれた。道立函館商業学校の同級に、後に啄木の義弟となる宮崎郁雨がいた。丸谷は函館商業学校卒業後、北海道炭鉱汽船株式会社に入社したが、明治三九（一九〇六）年に神戸高等商学校に入学、同校を卒業した後、東京高等商業（現一橋大学）に入学している。啄木の日記にある「許嫁」とは、明治四二（一九〇九）

年に婚約した七宮きよである。

啄木は明治四三（一九一〇）年五月三一日に起こった大逆事件に触発され、社会主義に対する関心を深めるが、この頃丸谷と盛んに社会主義に関して議論している。翌明治四四（一九一一）年に啄木は雑誌『樹木と果実』の発行を企図するが、丸谷は助力を惜しまなかった。残念なことに印刷所が倒産し、『樹木と果実』の発行は頓挫している。

明治四五（一九一二）年三月七日、啄木の母カツが肺結核で亡くなるが、土岐哀果と協力して、浅草の等光寺にカツの骨を納骨したのは丸谷である。啄木にも死が迫っていたが、啄木は再三丸谷に日記の焼却を依頼したほか、丸谷は啄木の妹・光子宛の絶筆を代筆している。啄木は四月一三日に永眠した。二六歳二か月の短い生涯だった。

啄木にとって、丸谷は晩年を支えた得難い友人であり、啄木の死後日記が公刊されるが、丸谷は啄木との約束を守り、日記の公刊に反対の立場を貫いた。

丸谷が七宮きよと結婚したのは大正三（一九一四）年になってからで、丸谷はその後、神戸高等商業学校教授となり、経済学者として大成した。

黄瀛に導かれて

どうして宮沢賢治を熱心に読むようになったのですか。時々、そう問われることがあります。どうしてなのか、考えてみると、やはり黄瀛との出会いが強く影響していると思います。

黄瀛のことを初めて知ったのは、大学を卒業して数年後、一九九四年ごろのことです。私は編集者としての力量を高めるため、夜高田馬場にあった日本ジャーナリスト専門学院に通っていましたが、そこで堤照実さんとの出会いがありました。堤さんはかつて筑摩書房の校正課長をしていて、『宮澤賢治全集』の編集にも携わってことがありました。

一方、私は当時中国研究者の新島淳良さんの私塾にも通っていて、魯迅を原文で読んでいました。堤さんとは講義終了後雑談するのが常でしたが、中国のことが話題になったある日、堤さんは「そうそう、賢治にも中国人の友人がいたのです。黄瀛という人です。もう生きていないのかも知れませんが」とつぶやいたのです。コウエイ、初めて聞いたその名が不思議に心に刻まれました。

数年後、ふとしたことがきっかけで知り合った中国中央テレビのディレクター・孫岩が日本にやってきた際、たまたま黄瀛のことを話題にすると、孫岩は黄瀛の番組を作ったことがあるといいました。重慶の四川外語学院で日本語や日本文学を教えていると、健在なこともわかりました。おまけに、孫岩は四川外語学院の近くにある西南政法学院には親しい友人がいるから、会いたいのなら橋渡しをしてあげよう、そうもいうのです。初めて名前を知ったときはまさか会えるとは思わなかった詩人・黄瀛がにわかに身近な存在に思えてきました。

私は一九九二年八月一〇日、勤めていた出版社から休暇を取り、孫岩の勧めで重慶に行き、黄が教鞭を執る四川外語学院（当時）の教員宿舎で初めて黄瀛に会うことができました。黄は私が岩手出身だとわかると饒舌になり、賢治や高村光太郎、草野心平などとの交際について次から次へと話し続けました。一九二九年六月に初めて花巻を訪れ、賢治と会った時の話は特に印象に残りました。

私は帰国後、黄瀛の周辺への取材を重ね、一九九四年に初めての単行本『黄瀛—その詩と数奇な生涯』（日本地域社会研究所刊）を出版しました。その本を書いた後、今度は賢治について調べてみようと調査を重ね、翌年同じ版元から『宮沢賢治の東京』を出しました。

同郷というだけで、それまで「銀河鉄道の夜」とか「よだかの星」くらいしか読んだことがなかった私は次第に賢治にのめりこむことになったのです。二〇〇八年には『宮澤賢治　あるサラリーマンの生と死』（集英社新書）を出版し、そのことがきっかけとなり岩手大学で賢治について教えることになりました。

二〇一六年は賢治生誕一二〇周年の節目の年でした。この年、私は宮沢賢治学会イーハトーブセンターの理事として、ほかの理事の協力を得て、企画展「黄瀛展」を実現させました。黄瀛は賢治より一〇歳年下で、この年は黄瀛生誕一一〇周年でもありました。私は以前に出版した本を増補して『宮沢賢治の詩友・黄瀛の生涯』（コールサック社刊）として出版できました。

二〇一六年一〇月二二日、重慶の四川外国語大学で黄瀛生誕一一〇周年を記念して国際シンポジウム「方法としての越境と混血」が開催され、私は王敏、岡村民夫（共に法政大学教授）らとともに招かれましたが、伝記作家としての立場から黄瀛との出会いについて語りました。

会場には日本語・日本文学を学ぶ中国人を中心に八〇人ほどが集まっていて、私の話を熱心に聞いてくれました。黄が日本語や日本文学を教え始めたのは一九七九年ごろのことで、そのときに真っ先に教材に取り上げたのが賢治の「雨ニモマケズ」だったと聞いたことがあります。その時から、三七年が経過していました。

最初の頃の教え子が王敏で、以後たくさんの中国人が賢治作品に触れました。中国人の賢治研究者も増えていて、作品の中国語訳も盛んになってきています。中国における賢治研究のタネをまいたのが黄瀛でした。私は、国際シンポジウムへの参加を通して、そのタネが着実に花を咲かせたのを実感することができました。

私と黄瀛との出会いについて簡潔に紹介してきましたが、これまでの歩みを思うと不思議な気持ちになります。黄瀛との出会いがなかったら、賢治の作品を熱心に読むことはおそらくなかっただろう。確かにそう思うのです。

宮沢賢治とエスペラント―その理想と挫折

イーハトーブ、あるいはイーハトーボは「理想郷としての岩手」を象徴することばとして広く浸透している。宮沢賢治が創ったこのことばは、エスペラントと密接に結びついている。

一八八七年七月二六日、ロシア領ポーランドに住んでいたユダヤ人の眼科医・ザメンホフは人工国際語・エスペラントを発表した。民族が互いに憎しみあう現実を見ながら育ったザメンンホフはその現実に心を痛めた。言語に堪能なザメンホフは成長する中で、すべての民族に共通な国際語を採用すれば、民族間の不和は収まるのではないか、という考えに至った。さまざまな言語を習得することでザメンホフは文法上の工夫を重ね、エスペラントを創り出したのである。エスペラントはザメンホフのペンネームで、「希望する人」を意味する。

ポーランドで生まれたエスペラントは次第にヨーロッパ全土へと広まっていった。これは一六か条の簡単な文法規則を習得すれば日常的な読み書きができるという高い実用性とエスペラントが理想とした国際平和主義が支持されたためだ。ロマン・ロランやトルストイといった著名な作家が支持を表明したこともエスペラントの普及を後押しした。

日本ではエスペラントが発表された翌年の一八八八年、読売新聞が紹介記事を掲載しているが、急速に普及するのは明治三九（一九〇六）年である。日本近代文学の父と目される二葉亭四迷が、日本で最初のエスペラント教科書『世界語』を出版したのだ。この本は大変な反響を呼び、同年には会員約七〇〇名を擁する日本エスペラント協会が設立されている。

宮沢賢治がエスペラントを独習するのは一九二二年頃のことで、この頃からイーハトーブ、イーハトーボということばを使いはじめている。当時日本では熱狂的なトルストイブームが起こっていたが、熱心なエスペラント支持者だったトルストイの影響を賢治も受けている。

それではなぜ、賢治はエスペラントに惹かれたのだろうか？

一つは思想的な共鳴である。民族間の不和をなくし、平和な世界を築きたいというザメンホフの思いは賢治の思いと重なっている。賢治は一九二六年三月三一日、四年三か月勤めた花巻農学校を退職し、同年八月農村に芸術の風を吹かせようと私塾・羅須地人協会を設立するが、その直前に記したとされる「農民芸術概論綱要」で次のように記している。

おれたちはみな農民であるずゐぶん忙がしく仕事もつらい
もっと明るく生き生きと生活をする道を見付けたい
われらの古い師父たちの中にはさういふ人も応々あった
近代科学の実証と求道者たちの実験とわれらの直観の一致に於て論じたい
世界がぜんたい幸福にならないうちは個人の幸福はあり得ない

「世界がぜんたい幸福にな」ることを夢見た賢治はエスペラントに同じ理想を見い出した。あるいは、エスペラントに接することで、賢治はこういった思想を身に着けたのかもしれない。

さらに、賢治が読者を世界に求めた点もエスペラント学習の動機である。一九二六年一一月、旧交を温めようと花巻にやってきた、盛岡高等農林学校時代の友人・小菅健吉に対し、賢治は「世界の人に解つてもらうようエスペラントで発表するため、その勉強をしている」と語ったという。

当時、国際連盟事務次長として活躍していた盛岡出身の新渡戸稲造はエスペラントの擁護者として、エスペラントが教育現場で採用されるよう働きかけを行っていた。また、ウクライナ出身の詩人・エロシェンコ、賢治も接触した初代フィンランド公使・ラムステットといった著名なエスペランチストが日本にやってきていて、エスペラントが国際語として今後普及するのではないか、という期待感も高かった。

だが、その後、日本、ドイツ、イタリアでのファシズムの台頭もあり、エスペラントが普及する道は閉ざされた。

世界の読者に読まれることを夢見た賢治は上京して、一心不乱に童話を書いたが、日本においてさえ、ほとんど読まれることはなく、一九三三年九月二一日、満でいえば三七年の生涯を閉じた。賢治が生涯で原稿料を受けとったのはわずか一度に過ぎなかった。

とはいえ、賢治が現在、日本だけではなく世界で読まれているのはエスペラントのおかげだ、と私は考える。たとえば、「ポラーノの広場」に登場するモリーオ（盛岡）、センダード（仙台）にはエスペラント独習の成果が反映されている。当時のエスペラント界では東京をトキーオ、長崎をナガサーコなどと表現していた。賢治の表記はこの動きを踏まえたもので、エスペラントを活用することで賢治作品は世界へと通じる普遍性を獲得したといっても過言ではない。賢治にとってエスペラントは、世界へと通じる扉であった。

II 盛岡藩と戊辰戦争

渡辺淳一の恋人を姉にもった詩人・暮尾淳の死を悼む

暮尾淳との出会い

二〇二〇年一月中旬、東京在住の友人・佐伯修から連絡が入った。暮尾淳が一月一一日に亡くなったという。享年八〇歳。会ったのは二度に過ぎないが、とても印象に残る出会いだった。その生涯と思い出を記してみたい。

暮尾淳と最初に会ったのは、一九九六年三月二八日のことだ。佐伯修から引き合わせたい人がいるというので、岩手から上京の際、佐伯の行きつけの店である新宿のバー「火の子」で会うことになった。その少し前、私は最初に出版した本『黄瀛―その詩と数奇な生涯』（日本地域社会研究所、一九九四年）を暮尾淳に贈っていて、折り返し暮尾からは『暮尾淳詩集』（土曜美術社出版販売）が贈られてきた。その詩集には「謹呈」の短冊と「労作『黄瀛』ありがとうございました。いま半ばあたりを読んでいます。三月二八日（土）お会いできるのを楽しみにし

新宿のバー「火の子」にて
（右から暮尾淳、佐伯修、筆者1996年3月28日）

ております」という一筆箋がはさんであった。

その詩集に記載されている年譜によると、一九三九（昭和一四）年四月二三日、札幌市にて生まれる。本名加清鍾《あつむ》。暮尾淳はペンネームである（以下、ペンネームを使う）。父保、母テル、父は小学校教員、後に札幌市内の各小学校長を歴任。兄準《ひとし》、と二人の姉である蘭子と純子、弟聡がいた。テルの兄は創価学会第二代会長の戸田城聖（本名：甚一）である。

一九四五（昭和二〇）年八月一五日、暮尾は疎開先の石狩太美（石狩管内当別町）の親戚の農家から姉の純子と二人で家にたどり着いている。暮尾の述懐によると、ある朝、純子が突然札幌の家に帰ると言い出した。家に帰ると、ラジオから終戦を告げる放送が流れていた。姉が終戦を知っていたか聞けなかったというが、暮尾には忘れられない思い出である。

天才少女画家

知的でどこにでもある平凡な家庭に生まれた暮尾の人生に影を落としたのが、一九三三（昭和八）年七月生まれ、六歳上のこの姉純子の存在だった。父保は児童文化に貢献した人で、児童向け雑誌『ひばり』を発行したが、純子は中学生時代から『ひばり』に漫画を描くなど絵の才能を発揮、一九四七（昭和二二）年には純子の案で漫画本『水中もぐり』が発行されている。

翌一九四八（昭和二三）年四月、中学二年生になった純子は同郷の画家・菊地又男を訪ねた。菊地は純子の絵「ホオズキと日記」に才能を感じ、菊地に師事することになる。同年九月、純子はこの「ホオズキと日記」で道展に入選した。一五歳の入選は史上最年少だった。

一九四九（昭和二四）年、純子は夏休みを利用し菊地の案内で北海道内を三泊四日で回った。阿寒湖を訪れた際、「こんな景色の中で死にたい」と菊地に語った。一九五〇（昭和二五）年四月、東京で開催された女流画家協会展覧会に出品、同年一〇月に開催された自由美術展では「ロミオとジュリエット」を題材とした作品で初入選し、「天才少女画家」として注目された。

一九五二（昭和二七）年一月、純子が阿寒湖畔にて行方不明となり、四月凍死体として発見された。その死は天才少女画家の自殺として書き立てられた。この時、暮尾は一三歳、純子は一八歳で、北海道で屈指の進学校札幌南高校第三学年在学中だった。

暮尾もその後札幌南高校を卒業して上京、一九五八（昭和三三）年四月、早稲田大学第一文学部哲学科心理学専攻入学。大学卒業後は神奈川県庁に心理判定員として勤めた後、一九六六（昭和四一）年川島書店に入社し、編集長、社長として定年後も勤め続けた。

歴史にイフは禁物だが、もし姉純子のことが再び取り上げられることがなければ、姉を失くした心の古傷がえぐられることはなかったかもしれない。

渡辺淳一の初恋の人

一九七三（昭和四八）年、流行作家となっていた渡辺淳一が『阿寒に果つ』という小説を発表し、たちまちベストセラーになった。そのモデルが加清純子で、渡辺にとって純子は初恋の人だった。

暮尾は家族で純子と最後に話したのが自分であることを、気に病んでいた。渡辺の小説は古傷をえぐられる思いだったに違いない。

渡辺と純子は、札幌南高校時代につきあいはじめた。折しも高校二年生の時に、男女共学が実施され、二人は同級生になった。純子が通っていた札幌女子高等学校が札幌南高校に編入されたのだ。

すでに純子は女流美術協会に所属し、道展にも入選、ちょっとした話題の人になっていた。新聞に書き立てられ、女王蜂のような存在だった。純子はエキセントリックな美少女で、大粒の眼、青白い頬、赤く染めた髪が人目を引いた。

純子や渡辺の同級生に、SF作家として名を馳せた荒巻義雄がいた。荒巻も純子を題材に小説『白き日旅立てば不死』を一九七二（昭和四七）年に発表している。荒巻によれば、純子は同期のマドンナだった。初恋の相手として濃厚接触した渡辺とは異なり、荒巻はろくに口をきく機会もなかった。著者初の長編小説である『白き日旅立てば不死』では、高校時代に憧れた美しいイメージのまま加能純子として登場させている。

三学期が始まった一月末、渡辺は純子から求愛とも受けとれる詩をもらい、喫茶店「セコンド」であいびきした。渡辺は「なぜ俺に？」と驚いたが、姉の蘭子によれば、純子のノートには「渡辺淳一という真面目そうな男がいるので、いつか誘惑してやる」と書かれていたという。純子と渡辺は週に一度は放課後学校の図書館で密会し、ウイスキーを飲んだり煙草を吸ったりして接吻を交わした。

渡辺によると、「彼女の接吻は大胆で、舌が私の舌をとらえ、歯と歯が触れ合うほどだった。私は初めての体験ながら、彼女は別の男を知っているに違いないと思った」（随筆「ああ青春・雪の中の日々」）。

三年生になり初夏が訪れ、アカシアが咲くとともに、純子は渡辺から遠ざかっていった。一緒に歩いたり、接吻するだけの渡辺の幼さに飽いたのか、純子は図書館に顔を見せなくなった。渡辺は去っていく純子に未練を残しながら、受験勉強に没頭した。渡辺の初恋は終わった。純子は渡辺に女性に対する見方が変わるほど強烈な印象を残した。その記憶が渡辺を『失楽園』などの恋愛小説へと誘った。純子が忘れられず、『阿寒に果つ』執筆に至った。

最後の恋人、「日本のキャパ」岡村昭彦

純子は文学にも秀でていて、文学グループ『青銅文学』を中心とする取り巻きの男たちがいた。画家の菊地又男、後に道議会議員となった渡部五郎、東京中日新聞に勤めた佐藤俊などだ。中には純子の絵のパトロンで、中小企業を経営していたが、純子に失恋しデパートの屋上から飛び降り自殺した男もいた。純子はその弔いとしてデパートの屋上から赤いカーネーショ

ンを何本かまき、そのいきさつを絵と文にして新聞に投稿した。

純子は中年男の生活のサイクルを狂わすような魔性を秘めていた。

『青銅文学』の主宰者に岡村春彦がいた。札幌南高校では純子の後輩で、東京から転校してきていた。純子は春彦に関心を寄せた結果、『青銅文学』に参加するようになり、小説や詩などを寄稿した。春彦はその後、演出家・俳優として活躍し、二〇二〇年五月三一日、八五歳で亡くなっている。

春彦によれば、純子とは恋人同士だった。

だが、純子は春彦を介して知り合った春彦の兄・昭彦に次第に惹かれてゆく。華麗な男性遍歴の最後に登場したのが、後に戦場カメラマンとしてベトナムに向かい、「日本のキャパ」として名を馳せた岡村昭彦（一九二九―一九八五）だった。

昭彦は一九二九（昭和四）年一月一日生まれ、一九三三（昭和八）年七月三日生れの純子より四歳年上だった。

昭彦と純子との出会いには、暮尾の兄でもある加清準も絡んでいる。準は昭彦より一歳年上の一九二八（昭和三年）生まれで、一九五一年当時北海道大学法学部に在籍し、学生運動のリーダーとなっていた。

そこに登場したのが岡村昭彦だった。昭彦は医学専門学校を中退し、日本共産党のオルグのため札幌にやって来ていた。

昭彦は準と会い、たちまち意気投合し、加清家に連れてくるようになり、純子と出会った。すでに純子は春彦から昭彦のことは伝え聞いていた。昭彦は東京と札幌を行き来した。やがて、日本共産党が弾圧の対象となった。昭彦は一九五一年一〇月頃、札幌に出て、地下活動を続けた。純子との仲が急接近するのはこの頃と推測される。

同年一一月中旬、昭彦は医師法違反の容疑で釧路刑務所に拘留された。

昭彦に会えなくなったことに耐えられなくなった純子は「当分札幌には戻らない」という簡単な書置きを残して家出した。翌一九五二（昭和二七）年一月一六日のことだ。

生前の純子の最後の姿を見たのが、六歳年下の弟暮尾だった。

一月一七日には、純子は昭彦に会うため、春彦と共に釧路刑務所に面会に行った。昭彦は純子に、「五万円の保釈金を工面してほしい」と依頼した。純子は「何とかする」と答えたが、当てがあるわけではなかった。

純子と春彦はいったん札幌に戻った。帰りの夜行列車でふたりはずっと抱き合っていたという。

純子は渡辺などかつて付き合った男たちにカーネーションを残し、再び釧路に向かい、一月一九日と二一日昭彦に面会した。

純子は一月二二日、阿寒湖畔雄阿寒ホテルに宿泊し、翌日失踪した。ホテルには純子が描いた絵が数点残された。

純子の遺体は阿寒湖の湖畔より六キロメートルの地点で、四月一四日発見された。周囲には赤いコート、ベレー帽、催眠剤のアドルムなどが発見された。遺書は残されていない。自殺ではなく遭難死という見方もあるが真相は不明ーー。

暮尾淳の苦悩

そういった詳細な事実を私が知ったのは、暮尾から頂いた『暮尾淳詩集』（思潮社、二〇一六年）を読んでからだ。暮尾は自分からそういったことを話す人ではなかった。

私は『南ベトナム戦争従軍記』（岩波新書）を愛読していたこともあり、一九八六（昭和六一）年から筑摩書房で刊行した『岡村昭彦集』（全六巻）を買って読んでいて、その著作集を編集した暮尾淳と岡村春彦の名はすでに知っていた。

また、私が評伝を書いた詩人・黄瀛は大正期から昭和の初めにかけて日本詩壇の寵児だったが、暮尾が親しく接した金子光晴や伊藤信吉といった人々と接点があった。そのことを知っていた友人の佐伯修が私に暮尾を引き合わせたのだ。

黄瀛は父の国である中国と、母の国である日本との狭間で苦悩した詩人だ。父を幼くして失い、母の国である日本で成長したが、当時の日本は父系血統主義を採用しており、日本国籍は取れない。妹が蒋介石の片腕何応欽の縁者と結婚したこともあり、将来の出世は約束されていた。黄瀛は国民党の将校の道を歩んだ。

そんな黄にとって日中戦争は、新たな苦悩の始まりだった。日本との訣別を余儀なくされた黄はそれでも、詩を書き続けた。黄は、詩作によって自身の愁いを封じ込めた。詩は、黄にとって人生の支えでもあった。

私は同じにおいを、暮尾淳にも感じた。決して暗い酒ではない。ひょうひょうとしていて、一緒に飲んでいて、むしろ心地よささえ覚えた。でも、この人は心中に重いものを抱えて生きているな、そう思えた。

暮尾は二〇歳の時に、秋山清を訪ね、金子光晴や伊藤信吉、石垣りんなどと親しくなった。金子の主宰する『あいなめ』、秋山の主宰する『コスモス』の同人として詩を書き続けた。

一九七五（昭和五〇）年六月、金子光晴が亡くなるが、同年二月ほるぷ出版から刊行された『日本の詩・金子光晴』を編集し、解説を書いたのは暮尾淳だった。

なお、同年三月、暮尾の五歳下の弟・聡が自殺している。三〇歳だった。聡は岡村昭彦に依頼されてベトナムに行ったりしていた。そのことに関し、暮尾はこう書いている（「朔太郎の詩」、『暮尾淳詩集』、思潮社所収）。

ベトナム戦争が幕を閉じる一九七五年春、ホテルの窓から飛び下りて五つしたのおとうとは三十歳で自死した。わたしにしか開かれていなかった心の窓を、思想家気取りでわたしは拒否した。後悔、悔恨が原罪のようにわたしを苦しめる。苛む。

わたしにとって萩原朔太郎は、『月に吠える』や『青猫』の詩人だけではなく、ただ一篇の詩「自殺の恐ろしさ」の詩人なのである。朔太郎を繙くと、魔の淵に呼ばれるように、その詩に目が止まってしまう。

暮尾淳と会ったのは、もう一度。やはり「火の子」でだったと思う。日付は覚えていない。以後は著書をお互いに贈りあう関係が続いた。おそらく、暮尾淳は私が評伝を書いた詩人・黄瀛に自身と似たものを感じたと思う。ふたりとも、詩を書くことと生きることが直結していた。やむにやまれぬ詩人だった。

なお、純子や暮尾の姉である加清蘭子は純子の死を札幌で迎えたが、その後上京し、昭和四五（一九七〇）年出版社青蛾書房を起こした。「青蛾」とは中国古代の伝説で月に住むという美女。命名者は随筆家の串田孫一という。「加清」を逆に読む「せいか」の「か」を濁音にして、漢字を当てはめたという。創業間もない時期、母テルの兄・戸田城聖の十三回忌の記念品とした戸田城聖『若き日の手記・獄中記』を出版している。この本は定価四八〇円で売られたが、私が目にした本は「昭和四六年一月二五日第六刷」となっていて、創価学会関係者を中心に、ずいぶんと読まれたようだ。

暮尾は姉の出版社である青蛾書房から評論『「妹トシへの詩」鑑賞』と四冊の詩集『めし屋のみ屋のある風景』『ほねくだきうた』『紅茶キノコによせる恋唄』『地球の上で（jidama の上

で）』を出しており、二〇一三年に出版した『地球の上で（jidama の上で）』で丸山薫賞を受賞している。

なお、加清蘭子は二〇一二年二月一三日、長女が住む宮崎県日向市で八三年の生涯を閉じている。葬儀は蘭子が生まれた札幌で営まれた。蘭子の死後一年後に出版された詩集『地球の上で（jidama の上で）』に収録された「マレンコフ」という詩には、自殺したきょうだいへの思いが描かれている。少し長いが、引用する。

マレンコフが死んだと
居酒屋で聞いたが
スターリンの時代の
ソビエトの首相ではなく
カラオケの世になっても
新宿の古いバーを回っていた
それが通称の
流しのギター弾きで
本名は誰も知らず
皺々の分厚い本の歌詞を

おれは老眼鏡で追いながら
「錆びたナイフ」だったろうか
その調子はずれの声に
ギターを合わせてくれたのは
三年前ではなかったか。

漏れ聞くところによれば
新宿のバラック街で流し始めたのは
進駐軍がいたころの
日本再独立の前で
とんがり帽子にリボンの房の
おれはそのころ小学生で
絵に優れていた二番目の姉と
利発な弟にはさまれた
三角の形に積んだ俵と俵のあいだの
隙間が気になり
掛け算で答えを出すことができず

教室の窓から
いつもぼんやりと
藻岩山の上の
白い雲を眺めていたが。

その後じきに姉は十八歳で
弟はベトナム戦争終結の年に
自死してしまい
弟のそれは
なけなしの金をはたいて泊めた
ビジネスホテルの四階の
そこから飛び降りたという
窮屈だったろう小窓や
遺体を乗せた車が
警察署の門を出るときの
意外にも
黙礼してくれた警官のことなど

思い出せば胸はふさぎ
うつになってしまうので
酒を呷っては紛らわしてきたから。

二〇一七年六月、私は帯広近郊に住む法政大学時代に法社会学のゼミで一緒だった友人を訪ねた際、釧路や阿寒周辺を彼の車で回った。

およそ二か月後の八月二七日、北海道で行方不明になっていた中国人女性・危秋潔（二六）の遺体が釧路で発見された。死の旅路が渡辺淳一の『阿寒に果つ』に酷似していると報じられた。中国では渡辺淳一の人気が高く、中国で小学校教師をしていた危秋潔は大のファンだったという。危は七月一八日、単身で上海から函館に入り、札幌を経て阿寒湖温泉のホテルに宿泊後、行方不明になっていた。

友人と話すうちに、暮尾淳の姉を思い出した。彼と共に阿寒湖周辺を回ったとき、かつて加清純子が宿泊した雄阿寒ホテル（現在はラビスタ阿寒川という別のホテルが建っている）の近くを通ったことが話題になった。

暮尾とまた会いたいと思ったが、体調がよくないらしいと佐伯から聞かされた。

二〇一九年三月、亡くなった新宿のバー「火の子」のママ・内城育さんを偲ぶ展示会が銀座であるという。内城育さんは岩手県紫波町の出身。先祖は盛岡藩の御典医で、私は弟である内城弘隆さんが自費出版した『盛岡藩郡山御役医　どっこ医者物語』を編集したことがある。暮尾が姿を見せるかもしれない。私はそう思い、上京した。数日前に本人とも電話で話した。でも、暮尾は来なかった。一人では外出できなくなっていて、当日は具合が悪かったようだ。

一月後、二〇一九年四月一三日から、北海道文学館で初の回顧展「よみがえれ！　とこしえの加清純子」が開催され、多くの来場者を集めたという。暮尾が所持していた純子の絵が展示された。暮尾はそのことで、長く自身を縛っていた重荷を解き放つことができたのかもしれない。稀有な詩人だった。合掌。

盛岡の男衆――藤村益治郎

盛岡の名物といえば、石割桜が真っ先にあげられるに違いない。石割桜は大正一二（一九二三）年三月七日、岩手県初の天然記念物に指定されており、その名は全国に知れわたっている。

とはいえ、石割桜を長く守り続けた庭師、藤村益治郎については、盛岡に長く住んだ人々以外にはほとんど知られていないのではあるまいか。

陸前高田出身で、長い東京暮らしを経て一年ほど前から盛岡で働きはじめた私自身そうであった。

藤村益治郎は一九九六年一月四日、九二年の生涯を閉じた。その三回忌に合わせ、有志により『盛岡の男衆——藤村益治郎』の編集作業が進められてきたが、その本がこのほど刊行された。私は、編集者として藤村益治郎の人となりを知ることになった。

藤村益治郎と石割桜との運命的ともいえる出会いは、昭和七（一九三二）年九月二日。妹の結婚式が済んで婚家でくつろいでいた益治郎は、周囲が騒がしいのに気づいた。

外に出てみたら、裁判所が火事だという。父親・治太郎の下で庭師修業を続けてきた益治郎は本能的に石割桜を助けなければと思い、現地に直行した。

すると花屋町の家で休んでいた治太郎がすでに来ていて、半纏で必死になって火の粉を消している。石割桜に対する父子の思いは、同じだったのだ。益治郎も一緒になって消火に当たった。

二人の働きは『岩手日報』紙上で大きく取り上げられた。存命が危ぶまれた石割桜だったが、岩手大学農学部の先生方の協力を得、父子は精魂込めて世話をした結果、一命をとりとめた。

それが縁で藤村益治郎は石割桜を守るのは自分の一生の仕事、と思うようになり、無償で石割桜の世話をするようになる。

石割桜の開花時、晩秋の冬囲いの季節になると、藤村益治郎はきまってマスコミに取り上げられ、その名は次第に深く人々の記憶に根を下ろしていった。

た。

「石割桜の藤村益治郎」の名は知れわたったが、活動は石割桜の世話に留まってはいなかった。たとえば、盛岡山車推進会での活躍がある。会長を務めた一五年間に盛岡山車記念館を完成させたほか、銀座祭りへの参加、ブラジル・オーストラリア・中国などへの海外雄飛を実現し、盛岡山車を広くアピールするのに貢献した。現在行われている裸祭りや夜間のパレードをスタートさせたのも、藤村益治郎である。

どこへ行くにも半纏姿の藤村益治郎は一九八〇年、鈴木善幸総理大臣誕生時に首相官邸で音頭上げをしたときも半纏を脱がなかった。

半纏の似合う男、藤村益治郎は侠気に富んでいた。

「やらねばねえごどはやるのす」といって自分がこうと決めたことはやり抜いた。

もうああいう人は出ないだろう、私は藤村益治郎を知る人々から何度もそういうことばを聞かされた。盛岡の街を愛し、盛岡の街と共に生きた藤村益治郎は、「最も盛岡人らしい盛岡人」のひとりだった。

私は生前の藤村益治郎に会うことはなかったが、編集作業を通して身近な存在に思えるようになった。盛岡という街がまた少し、好きになった気がする。

『エルマーのぼうけん』の魅力

もう三五年も前になります。東京で働いていた従姉が小学校入学のお祝いに、『エルマーのぼうけん』（ルース・スタイルズ・ガネット作、福音館書店刊）を贈ってくれました。わくわくしながらその本を読んだことをはっきりとおぼえています。『エルマーのぼうけん』は、ぼくに読書のよろこびを与えてくれた最初の本でした。

主人公のエルマーは小さな子どもです。ふとしたことで、としとったねこと友だちになります。そのねこからどうぶつ島にとらえられているりゅうの子の話をきいたエルマーは、ひとりで助けに出かけ、うまい計略をつかい、ぶじにどうぶつたちからりゅうの子を救い出す――という話です。

最初にこの物語を読んだ後の爽快感といったら、どう表現してよいかわかりません。印象深いさし絵とともに、エルマーのことは長く心に残りました。

物語の発端からしてすてきです。エルマーがねこに、大人になったらひこうきを買って空をとびたいというのです。

それに対してねこは、空をとびたいのなら別の方法があるかもしれませんよ、と謎かけのようにいい、話が展開していきます。

幼い子ども、とくに男の子ならだれしも一度は空をとんでみたいとあこがれるのではないでしょうか。

ぼく自身はよく芝生に寝ころがって、青い空を見上げながら、空をとんでみたいなと思ったものでした。空を想うことで想像力をみがいていたのかもしれません。

そんなぼくですから、たちまちエルマーに感情移入してしまったのです。

ねこはどうぶつ島へたんけんに行ったことがありました。そのときに、空から落ちてきたりゅうの子が、どうぶつたちによってとらえられていることに気づいたのです。

でも、ねこはりゅうの子を助けることができず、帰ってきてからも気がかりに思っていました。そこでエルマーに代わりに助けてもらえないかとたのむのです。りゅうの子を助けてやれば、きっとりゅうの子はエルマーを背中にのせて空をとぶのではないか。そうエルマーをさそったのです。

エルマーはすぐに空想を働かせます。ひこうきではなく、りゅうにのって空をとぶ。空をとぶためには別に大人にならなくてもよいのです。

エルマーは、ひとりでりゅうの子を助けに行く決心をしました。ねこの忠告にしたがい荷物をそろえ、まず、みかん島をめざします。

みかん島からどうぶつ島へは、ぴょんぴょこ岩を歩けばたどりつけますが、どうぶつ島はとてもおそろしい島のようです。りょうしのおじさんがふるえながら、こういいます。

「いままでおおぜいの人が、どうぶつ島へわたっていったけれど、だあれも生きてかえってこねえ。おっかねえもうじゅうに、たべられちまったんだろう。」

ねこがぶじに帰ってきたことを知っているエルマーは、そんなことばをきかされても平気です。それでも、たびたび危険な目にあいます。

最初に出くわしたのは、七匹のおなかをすかしたとらたちでした。エルマーをすぐに食べてしまおうとしますが、エルマーはチューインガムを取り出して、とらたちにあげます。とらたちはチューインガムをかむのに夢中になり、エルマーを食べることを忘れてしまいます。

いらだっているサイにあったときも危なかったのですが、はブラシとはみがき粉を取り出して危険を脱します。サイは黄ばんでしまったつのを気に病んでいたのですが、エルマーはそのつのをみがいてやりました。つのが白くなるのに気づいたサイは、自分でつのをみがきはじめ、エルマーの存在を忘れてしまうのです。そのほかライオンやゴリラなども登場しますが、いずれも個性豊かな愛すべき存在として描かれています。どこかユーモラスで、決してもうじゅうといった感じはしません。

ねこの教えを忠実に守ったエルマーはりゅうの子の救出に成功し、最後は望みどおりりゅうの子の背中にのって空をとび、どうぶつ島を後にします。とても楽しい結末です。

『エルマーのぼうけん』は、この世界には不思議なおもしろいことが満ちていると教えてくれました。

ひとりの人間が体験することには限界がありますが、読書することで自身が体験できないことを味わえます。それだけ、人生が豊かになるのではないでしょうか。

読書好きが高じ、ぼくは今、本を編集する仕事をしています。ときには物を書いたりもしますが、いつか『エルマーのぼうけん』のような子供たちをわくわくさせる物語を書いてみたい、とひそかに思っているのです。

ヘンリー・ミラーが絶賛した「東北の哲人」上野霄里《しょうり》の代表作『単細胞的思考』復刊へ

作家ヘンリー・ミラー（一八九一―一九八〇）の親友としても知られた一関在住の思想家上野霄里の代表作『単細胞的思考』が二〇〇二年三月一五日、東京の明窓出版から復刊される。

本書は行動社より全国販売され四刷と版を重ねたが、版元の解散もあり、三〇年にわたり絶版となっていた。上野霄里は一九三一年栃木県生まれ。一九歳の時キリスト教と出会い、牧師になる決心をする。神学校に学び二三歳で卒業後東京の東村山教会で牧師をしたり、米空軍第四一師団の通訳、刑務所の教戒師を勤めた。この間、多くの死者や自殺未遂者と身近に接したことが人生観に大きな影響を与えた。宗教書、哲学書などを乱読しつつ自らも、執筆活動を開始する。

一九五九年春。妻と生後五か月の長男尚一を伴って一関にやって来た。上野は、青葉町教会で牧師となった。なお、尚一と私は一関第一高等学校の同級生である。

ヘンリー・ミラーと上野霄里（1977年9月）

そのころより次第に、既存の組織宗教に疑問を覚えるようになってきた上野に衝撃的な出会いが待っていた。アメリカの作家ヘンリー・ミラーとの出会いである。『ネクサス』を読んだ上野は「突然、私の内部に革命が起こった」という。やがて上野は牧師をやめ、つながりのあった宗教組織との関係を絶った。

上野はミラーにその思いをつづった。ミラーからは折り返し、返事が届く。共鳴したふたりは手紙のやりとりを始め、ミラーが亡くなる直前まで続いた。その数は四百通に及んだという。

牧師をやめた上野は英語、ドイツ語、フランス語などを教える塾を開き、三人の子供を育てた。その傍ら著作を発表。「平泉を中心とする東北風土記」と銘打った『くがねのゆめ』が処女作で、『単細胞的思考』はその半年後に出版された。

ミラーは「上野について」と題する序文で、次のように書いている。

上野と私の間には、現在に至るまで、幾年間か、文通が続けられてきている。そしてその量は膨大なものとなっている。彼からの便り、しかもかなりの長文の書簡だが、それを私が一、二通受け取るのに、一週間と間をおくことは、ほとんどない。私は彼と彼の家族の写真を、全部手元に持っている。彼は、彼の日常生活、原稿、絵画、教育、その他のことについて私に知らせてくれる。私には、彼の日常生活が手にとるように鮮明に想像することができる。

彼の書簡から受ける、もっとも衝撃的な印象は、彼が人間発動機であることだ。彼は、ほとんど、超人間的とも呼ぶべき活力と生命力を所有しているようにみえる。彼は、幼児のように好奇心に燃え、熱中する。

ミラーの序文もあずかって『単細胞的思考』は全国の読者に広く受け入れられた。だれでもみな、集団や組織に属している。集団や組織は個人を守ってくれるが、その反面個人を弱くする。人を勇気づけ、揺さぶるような言葉は集団や組織にどっぷり漬かった人々の口からは決して出てこない。自身組織宗教から離脱し個人の力で生きている上野の「単細胞」であれという主張は、多くの若者の心をとらえた。

マスコミも黙っていなかった。『週刊文春』（一九七〇年三月二三日発行）は、「ヘンリー・ミラー絶賛『東北の哲人』――おっかなびっくり会見記」を二ページにわたって掲載した。また、『暮しの設計』（中央公論社発行、一九七一年六月号）は、「一日一日を激しいドラマとして生きる」と題し、上野と家族との生活を詳細に紹介している。

上野と話をしてみたい。そう思った読者が上野宅を頻繁に訪れはじめたのもこの時期からである。

大病の末死線をさまよったこともあるが、上野は健在である。かつてほどではないとはいえ、熱狂的な読者は遠方をいとわず上野に会うために一関を訪れる。一九九九年には『星の歌』を明窓出版から上梓した。宮沢賢治、石川啄木、村上昭夫などを論じた文学論である。

この四月二三日、上野夫妻は一関に別れを告げ、岐阜県可児市に移転する。京都大学霊長類研究所で助教授（当時、現 名古屋市東山動植物園企画官）をしている二男・吉一夫妻と一緒に住むことになる。四三年に及んだ一関での生活はとても楽しく、多くの出会いに恵まれたと夫妻はいう。でも、同じところに長くいすぎましたとも。上野雪里にはボヘミアンの血が流れているのかもしれない。

一関に別れを告げる直前に、代表作『単細胞的思考』が復刊されるというのは新たな門出にふさわしい慶事である。新天地でのさらなる活躍を期待したい。

上野吉一『グルメなサル　香水をつけるサル―ヒトの進化戦略』（講談社）

長い間、感覚研究の分野では嗅覚や味覚は視覚や聴覚に比べると、軽視されてきた。その傾向に変化がみられはじめるのは、一九八〇年代の後半。ごく最近のことという。分子生物学の分野では先端的な領域として、嗅覚や味覚に関する研究がにわかに活発化してきている。本書はその成果のひとつである。

著者は一九六〇年生まれ、一関一高、北海道大学農学部を経て、現在京都大学霊長類研究所助教授（当時、現 名古屋市東山動植物園企画官）。三歳のときすでに、獣医になりたいという気持ちを抱いたというが、その道のりは決して平坦ではなかった。

幼少のころは腎臓を病むネフローゼという難病にかかり、四年間にわたり入院生活を送らなければならなかった。だが、父親の上野霄里には多額の入院費用をまかなう収入がない。上野は英語、ドイツ語などを教える塾を開き三人の子供を育てていたが、日々の生活に精いっぱいだった。思い悩んだ上野は親交を結んでいたアメリカの作家、ヘンリー・ミラーに相談する。すでにふたりの間には膨大な量の手紙がやりとりされており、ミラーは上野家の生活の細部を熟知していた。若いころ職業を転々とし、貧乏に耐えながら世界的な作家となっていたミラーは、親友に手を差し伸べた。入院費用のすべてをミラーが負担したのだ。吉一の病は回復し、小学校にはふつうに通えるようになった。

一関一高時代の成績は「全国模試で偏差値二〇台を取りつづけてしまうような」ありさまだったが、浪人時代に発奮して勉強し北海道大学に入学。だが、大学のシステムの問題で希望の獣医学部ではなく、農芸化学科に進む。大学院は文学部へ。修士二年目の秋に京都大学霊長類研究所を訪れたことが、飛躍の引き金となった。嗅覚や味覚の研究が自分のライフワークだという認識をもつに至り、以後はひたすら目標に向かい、夢中になって研究してきた。

そういった紆余曲折を経ての研究だけに、本書は説得力に富む。少なくとも専門に閉じこもってはいない印象を受ける。ヒトはなぜ、多くの食べ物を求めるのか。ヒトはなぜ、匂いを求め、臭いを嫌うのか。ヒトはそのことを追究することで、確かに進化してきた。読み進むうちに、いつのまにかそう納得させられている。嗅覚や味覚について研究することとは、ヒトとは何かを研究することにつながり、今後ヒトがどのような進化を遂げるのかを解明する手がかりともなる。本書の底流には、実在としての人間への関心がある。オンリーワンを目指す著者が今後、どこまで研究の幅を広げるのか。楽しみである。

盛岡中学アウトロー物語

元岩手県議会議員・横田綾二さんが青春時代を回想した自叙伝『盛岡中学アウトロー物語』が熊谷印刷出版部より発売された。編集者の立場からその内容を紹介したい。

著者の父・忠夫は戦前、無産運動（労働者・農民などの被支配層による政治活動）のリーダーだった（一九四〇＝昭和一五年に自殺）。一方、母チエは戦後、岩手県における婦人代議士の草分けとして活躍した。いわば「政治の申し子」ともいえる出自である。

折しも、日本は軍国主義の道をひた走っていた。その年、昭和一五年は皇紀二千六百年と位置づけられ、学校では皇国史観による教育が行われていた。

父母の影響下、自由思想の傾向に染まっていた著者にとってはとりわけ生きにくい時代だったろう。あるいは、父の自殺というショッキングな出来事が影を落としていたのかもしれない。

「アウトロー」の日々が過ぎてゆく。音楽の試験のときに白紙答案を出し、エスケープする。家にあった刀で野犬斬りをする、先生にあだ名をつけてからかう――。品行方正とはいえないエピソードが克明に語られてゆく。涙と笑いにあふれているが、どこかほろ苦い日常である。

中学四年生一学期の初頭、綾二さんは条件付き転校という名目の退学処分に追い込まれる。本書は落胆し、挫折感で打ちひしがれた著者が横手や宮古の街をさまよい歩く姿で終わっている。

出会った人々、過ぎ去った日々へのなつかしさが行間にあふれており、暗い時代背景を伴って、物哀しい読後感に襲われる。共に「アウトロー」に生きた友人の多くがすでに、この世の人ではない。

おそらく、そうした無念で挫折に満ちた日々が後年の政治家を生み出したのであろう。共産党に入党した著者は、「権力に屈せず、友情を貫き、義理に泣き、弱者のために体を張る」ことを座右の銘とした。

盛岡中学校での日々は、その後の綾二さんの生き方を決定した原点だった。

本書では当時の教育現場のもよう、世相が生き生きと描写されている。一個人の記録であるが、時代を物語る貴重な証言ともなっている。

ジョニーとくつわだたかしと『動物哀歌』

盛岡にあるジャズスポット「陸前高田ジョニー」で、くつわだたかしと再会した。二〇〇三年七月二二日、高名な詩人・清水昶《あきら》とくつわだとのジョイントライブが行われたのだ。くつわだは一九五六年生まれ、名古屋在住のシンガーソングライターだが、ここ十年くらい毎年のように岩手を訪れている。

岩手との縁が深まったのはジョニーの店主・照井顕との出会いがあったからで、私自身くつわだとの出会いも照井が関与している。とはいえ中学三年生まで陸前高田で過ごした私が、照井と初めて会ったのは四年ほど前に過ぎない。私が進学した高校は一関にあったし、ジョニーが陸前高田に開店した一九七七年は東京で学生生活を送っていた。

それでも、ジョニーのことは気になっていた。愛読していた雑誌『話の特集』にフォーク歌手の三上寛が何度となくジョニーのことを書いていたし、あるいは五木寛之の文章を読んだのかもしれない。

元々、ジョニーの名は照井が愛読していた五木の小説『海を見ていたジョニー』にちなんでつけられたものだ。私も五木の小説はかなり読んでいるが、一番好きなのは移動する民＝サンカを主題にした『風の王国』だ。ちなみに、この小説の最後の方では登場人物のひとりである女性が勤めていた出版社をやめ、旅に出る。なぜか、彼女は陸前高田の辺りをテクテク歩くのである。もちろん、五木の脳裏には照井の存在がある。自身の小説を店の名前につけてくれた店主へのサービス精神なのかもしれない。

照井は、日の当たらないミュージシャンに光を当てる人だった。無名の歌い手に演奏の場を提供し、ライブ演奏をレコードにして「ジョニーディスク」として発売もした。ベース奏者の中山英二など、ジョニーを足掛かりにミュージシャンとして育った人も多い。くつわだたかしもそのひとりといってよいだろう。

くつわだたかしが初めて照井の店でコンサートを開いたのは、一九八九年のこと。現代詩人の詩に曲をつけて歌うのをスタイルにしていたくつわだは、やがて四一歳で亡くなった詩人・村上昭夫の透明な詩に衝撃を受ける。村上は一九二七年生まれ。盛岡郵便局に勤務していた頃肺結核になり、結核と闘いながら詩を書いた。迫り来る死が精神をとぎすましたのかもしれない。発表した詩は反響を呼び、一九六七（昭和四二）年に上梓した詩集『動物哀歌』は、詩壇の芥川賞ともいえるH氏賞や土井晩翠賞を受賞した。

数年前くつわだは盛岡の駅に降り、歩いて県立図書館を目指した。そこには目当てのものはなく、今度は盛岡市立図書館へ。道に迷ったこともありたっぷり二時間以上もかかった。それでも、村上昭夫の詩碑「私をうらぎるな」を目にしたら、そんな疲れも吹き飛んだという。

一九九九年夏、村上昭夫への思いを深めていったくつわだは、照井と共同でCD「動物哀歌を歌う」をリリースした。没後三〇周年を記念して、八月九日は村上が亡くなった滝沢村穴口で、十日は実家のあった陸前高田市でコンサートが開催された。

くつわだは以後、全国各地で村上昭夫の詩を歌うようになった。その結果、『動物哀歌』は再び、ひそかに読まれはじめている。くつわだの歌を効いて、村上昭夫の詩と出会った人も多いはずだ。かくいう私もそのひとりである。

私には看護師の仕事をしながら白衣を着て音楽活動を続けている友人がいるが、その友人へんり・未来（榊原康博）はくつわだとも親交がある（榊原康博はアメリカの作家、ヘンリー・ミラーに傾倒していて、ロサンゼルスに行き、一度会ったことがある。芸名はその名前にちなんでいる）。二年ほど前照井顕の仲介により、県の医療関係者の集会でへんり・未来が率いるバンド、カウンターショックのコンサートが開催された。私はジョニーでへんり・未来と再会したのだが、彼が岩手に来たのは初めてで、そのことをとても喜んでいた。ジョニーは岩手縁の人々を創り出すすてきな空間だと思う。いつまでも灯が消えないでほしい。

＊くつわだたかしさんは二〇〇四年六月、交通事故で亡くなった。四八歳だった。

甲子園球場にて

二〇〇四年三月二四日、午後。第七六回選抜高校野球大会が行われている甲子園球場には雨が降り注いでいた。私は球場の外にいて、中に入ったらよいか迷っていた。アナウンスが聞こえてくる。

「お客様に申し上げます。本日はあいにくの天候でございますが、すでに第一試合が成立しておりますので、試合が途中で中止になりましても、切符の払い戻しは致しませんので、ご了承の上で切符をお買い求めくださいませ」

はたして母校（一関一高）が登場する第三試合まで、天気がもつだろうか。気をもんだが、内野席入場券を買って球場に入ることにした。会社の休みは今日と明日の二日とってある。ノーゲームとなったら、また明日来ればよい。初めての甲子園だ。その雰囲気を早く味わいたい。そう思う気持ちが球場へと向かわせた。一時二〇分過ぎ。第二試合の福岡工大城東（福岡）対斑鳩《いかるが》（奈良）は、二回裏に入っていた。

天候のせいか、スタンド内はガラガラだった。両チームの応援席となるアルプス席はほぼ満員だったが、内野も外野も空席が目立つ。地元ファンの入りが極端に悪い。

それでも、私が座った一塁側内野席には、試合を優位に進めている福岡工大城東の力強い応援が鳴り響き、甲子園にやって来たという感慨が沸き起こってくる。一瞬、一瞬の精いっぱいのプレー。高校時代が懐かしい。

私が応援団幹部だった昭和五一（一九七六）年の夏。母校の野球部はあまり強くなく、県営球場で行われた二回戦で敗れた。全校応援が取れず、応援団幹部と有志による応援となった。応援団幹部は公欠で大っぴらに休めるが、一般生徒はそうはいかない。それでも、百人余りが集まってきた。その多くが三年生で、もちろん学校をサボっての参加だ。うれしかった。クラスメートのために、わざわざ盛岡まで列車で駆けつけてくれたのだった――。

雨は小降りとなり、いよいよ第三試合の開始。一関一高の登場。アルプス席は生徒や父兄、各地から集まってきた四千人の応援団で埋まった。

私は花粉症がひどく、応援できる状態ではない。引き続き内野席で観戦する。久し振りの校歌、チャンスの時の関高マーチ。洋太鼓と吹奏楽をミックスした応援だが、なかなか決まっている。少なくとも、応援では負けていない。

だが、相手の拓大紅陵（千葉）が野球では一枚上だった。当初は一関一高のエース木村正太の一四二キロのスピードボールに戸惑っていたが、必死にボールに食らい付いている。対して、わが関高の攻撃は淡泊だ。ストライクの見逃しが目立つ。

初回、先頭の佐々木が右前打で出塁し、二死二、三塁の好機をつくったが、これを逃したのが痛かった。エラーが原因で、相手に先取点を取られ、試合の主導権を譲り渡してしまった。ヒット性の当たりが好捕されるなど、守備力でも相手が上回っていた。試合が進むにつれて、木村投手の球威に慣れてきた拓大紅陵打線が火を噴き、〇対六でゲームセット。終わってみれば、あっという間だった。

でも、選手はよくやったと思う。二一世紀枠の、たとえは悪いが棚からボタ餅の出場。伝統校故にマスコミで取り上げられる機会も多く、それが余計なプレッシャーになったかもしれない。

負けた高校の選手が甲子園の土を持ち帰るのが通例になっている中で、一関一高の選手は甲子園の土を持ち帰らなかったと聞いた。夏にもう一度、甲子園にやってきたいとの思いからだという。よい話だ。応援しています。今度は実力で、甲子園出場を勝ち取ってください。

＊残念なことに、一関一高はその後、甲子園には出場していない。木村正太投手は高校卒業

後巨人軍に入団したが、一軍ではあまり活躍できず退団した。

岩手県議員会館夢物語

元岩手県議会議員の横田綾二さんが二四年間（一九七一―一九九五）に及んだ議員生活を回想した自伝『岩手県議員会館夢物語』（熊谷印刷出版部）を出版した。前作『盛岡中学アウトロー物語』に引き続き私が編集を担当したが、最初の読者の立場から本書を紹介してみたい。

横田さんは一九二七（昭和二）年七月二四日、岩手郡米内村北山（現盛岡市北山）に生まれた。父は戦前の無産運動で有名な横田忠夫で、一九三三年に社会大衆党から出馬し最高点で盛岡市議に当選している。一方の母チエ（社会党所属）は戦後岩手県初の女性県議会議員として活躍した。

そうした生活環境で生まれ育った横田さんが政治の世界に進出するのは一九六七（昭和四二）年、盛岡市議会議員に初当選してからだ。仙台工業専門学校（現東北大学工学部）を卒業し中学校教諭となったが、共産党に入党していたためレッドパージにあい、教育界から追放された末の転身だった。一九七一（昭和四六）年県議会議員に初当選し、六期にわたり活躍した。一九九五年に勇退。

とはいえ、議員生活は決して順風だったわけではない。高齢のため引退した母チエの支持票を集め、一期目は最高点で当選したものの、二期目の選挙では最低点。次点とは、わずか三三票差にすぎなかった。あやうく議席を失うところだったのである。また、共産党所属のため、議会では常に孤独な闘いを強いられた。

それでも、横田さんは果敢に県政に向き合ったといえる。選挙公約に生活相談を掲げたため、さまざまな人々が横田さんを頼った。そのひとつひとつに誠意をもって対応し、解決を図ってゆく姿勢が無党派層にまで支持者を拡大し、二四年に及ぶ議員生活を支えたのだ。共産党は支持しないが、横田には投票するという人々が結構いた。母子家庭の医療費十割給付の実現など、横田さんは「弱者の味方」として支持者の声に応えた。

夏のお盆にはひやむぎ、冬の年越しにはそうめん、それぞれ三把を一組にし袋に入れて、横田さんは支持者を回って歩いた。最大三百軒。オートバイの荷台に麺類を積んで、夏はうだるような暑さの中、冬は頬を切る寒さの中、一軒一軒に届けることを常とした。金額にすれば、せいぜい三百円にすぎない贈り物だったが、横田さんの誠意は確かに通じたのである。

横田さんが議員として根拠地としたのが、岩手県議員会館だった。この建物は一九七〇（昭和四五）年に使用が開始されたが、ほかの県にはあまり存在しない施設である。岩手県は広く、住まいから県議会まで数時間を要する議員も少なくない。そういった状況下では十分な県政に関する議論はできない。それを打開すべく建設された宿泊施設だったのである。

岩手県議員会館を舞台に、横田さんの周りではさまざまな事件が起きる。札束攻勢をかけてきた紳士が自殺したり、一緒に県政の不正を追及してきた全国紙の記者が突然東京に飛ばされたり、金銭や脂粉の香に迷い、右往左往する同僚議員の姿も生き生きと描かれている。だが、横田さんは糾弾しようとはしていない。どこか温かいまなざしが注がれている。党派を超えた友情が同僚議員との間に確かに流れていたのを行間から感じ取れる。

本書を読み、私は岩手県議会に集う人々がとても身近な存在に思えてきた。決して特別な人々ではない、ふつうの人々が県政を担っていると確信できた。血の通った文章でつづられた岩手県政史である。

元特攻隊員が回想するミンドロ島潜行の十一年

盛岡市上田に住む中野重平さん（故人）の脳裏には、今でも戦場でのできごとがよみがえってくる。死んでいった多くの戦友たちの声や銃声がきこえてくる。その体験を私が聞き書きし、このほど『灼熱の迷宮から。』（熊谷印刷出版部）として出版した。

一九二二（大正一一）年二月二八日、軽米町に生まれた中野さんは、小学校高等科、青年学校を経て、徴用令により神奈川県横須賀にあった海軍工廠《こうしょう》に配属となる。若者が出征し、戦争で死ぬことが当たり前とされた時代だった。

昭和一六年九月、中野さんは茨城県にあった水戸一〇三飛行大隊に入隊。満州に出征後、戦線が拡大していたフィリピンへ派遣された。昭和十九年末、マニラで特攻隊員となった中野さんは、死を覚悟してミンドロ島へ上陸する。

その後、中野さんは日本の敗戦を知らずに、アメリカ軍フィリピン軍との戦闘の中を必死の思いで生き延びる。十一年間にわたる潜行生活の末に奇跡の生還を果たしたのは、昭和三一年一一月末のことだった。

たとえば、こんな場面がある。昭和二〇年、中野さんたちが現地民のマギャン族から食糧を強奪し、逃亡を続けていたときのことである。突然銃声がしたので、あわててジャングルに身を隠したが、数人が自分たちの食糧を奪って立ち去るのが見えた。

驚いたことに、彼らはかつて一緒に戦ったことがある日本兵だったのだ。飢えに苦しむと味方さえ敵と化してしまう現実に、中野さんは呆然とした。

逃亡をやめて自活生活をしていたときも、気が休まることがなかった。木の葉が揺れる音にも敏感になった。月を見ると、日本にいる家族のことが思い出された。雨が降った日は心おきなく歌を歌ったが、軍歌を歌うと亡くなった戦友の面影が脳裏によみがえってくるのだった――。

ミンドロ島といえば、大岡昇平が思い出される。一九〇九年生まれの大岡が補充兵としてミンドロ島に駐屯したのは、三五歳のときである。大岡はやがてマラリアに罹患し、中隊が移動中に意識を失って倒れ、置き去りにされた。

米軍に捕らえられた大岡はレイテ島の野戦病院や捕虜収容所で十か月ほど過ごした後、一九四五年一二月、日本へ送還された。大岡はその体験を『俘虜記』『野火』といった文学作品に結晶化させ、作家としての地位を確立した。

中野さんは日本へ帰還し故郷に帰る途中、岩手県の東京事務所で大岡昇平のインタビューを受けている。

大岡のミンドロ島での日々は三か月ほどに過ぎない。十一年の潜行生活を語る中野さんの話を、大岡はうんうんとうなずきながらきいたという。

三四歳で日本に帰還した中野さんは、その後結婚。仙台で柔道整復師の資格を取り、上田に整骨院を開設して生計を立ててきた。

現在は廃業したが、ボランティアで整骨院を続けているのは社会とのつながりがほしいからだという。戦争で亡くなった多くの戦友たちの分までしっかりと生きないといけない、と語る。

現代でも、世界では各地で戦争が行われている。長い沈黙を破り、中野さんが戦争体験を語ろうと思ったのは、多くの人々が戦争の愚かさに気付いてほしい、との思いからだ。

平泉物語——藤原氏四代の盛衰

今から三〇年以上も前の話である。陸前高田市で中学生生活を送っていた私の家の本棚には、『気仙風土記』、『気仙夜話』といった本が並んでいた。私自身はそれらの本を愛読したわけではないが、高校の先生をしながら本を書いているという金野静一という著者の名前は記憶に残った。同じ気仙出身ということで、親近感を覚えたのである。

その後の金野さんは盛岡第二高等学校校長、岩手県立博物館館長などを歴任し、現在も岩手県教育弘済会理事長の要職にある。その間も数多くの著書を世に問い、健筆ぶりを発揮してきた。

今回金野さんは『平泉物語――藤原氏四代の盛衰』（熊谷印刷出版部発行）を出版、私は編集者としておつきあいいただくことになったのだが、何かなつかしい思いがした。縁があったということなのだろう。

本書は藤原清衡に始まり、二代基衡、三代秀衡、四代泰衡まで続いたおよそ百年の藤原氏の歴史を克明に記している。朝日新聞岩手版に四年間一七一回にわたって連載されたものをまとめたもので、どのように藤原氏が台頭し、滅亡していったのかが生き生きと描かれている。

その文章は至ってわかりやすく、登場する一人ひとりの人間像が鮮やかに浮かび上がってくる。歴史の専門家にありがちな難解さとは無縁で、かといって小説家のような想像力の飛躍は極力抑えられている。多くの文献を巧みに引用しながら、「歴史読み物」として多数の人々に読んでもらおうという意図がうかがわれる。

著者の筆は前九年の合戦、後三年の合戦など「平泉前史」から起こされており、興味深いエピソードが紹介されている。

たとえば、清衡の母である有加一乃末陪《ありがのいちのまえ》の存在がある。この女性は藤原経清《のりきよ》の妻として清衡を生むのであるが、経清は清原武則に惨殺される。そのとき清衡は七歳で、母は清衡の命を助けるために、敵方の武将であった清原武貞（武則の摘男）の後妻になることを決心する。

そういう環境下で育った清衡の半生は苦難の連続であったに違いない。だが、逆境の中で過ごしたことがやがて、「奥羽の支配者」の地位をもたらすのだ。

本書には、当然のごとく義経も登場する。頼朝と義経との確執が結果的に平泉の滅亡を招くのだが、それに至るまでの平泉を舞台にした人々の動きが細密に描かれる。秀衡ほどの器量を持ち得なかった泰衡は頼朝の力に屈服し、義経を襲うのだが、結局は利用されただけで、平泉の滅亡を招いてしまう。その場面を著者はそれぞれの心の揺れを注意深く推察しながら、臨場感を感じさせる表現で記している。

折しも平泉に華開いた文化の「世界遺産への登録」が話題になっている。本書は平泉文化のルーツを知るための格好の入門書となるのではないか。読者は、本を読む楽しみを味わいながら平泉の歴史をたどれるに違いない。

盛岡藩と戊辰戦争

江戸時代、日本には徳川将軍家の下に三百ともいわれる大名家があった。大名の領域や支配機構を総称して「藩」といったが、それぞれの藩には自立した政治・経済・文化があった。

明治四（一八七一）年七月、明治新政府は廃藩置県を断行した。その時以来、すでに百三十年余りを経過している。だが、いまだに「あの人は伊達藩出身だ」とか「私たちの出身は会津藩です」とかの言い方がなされている。藩意識が残っているのである。

一方、アメリカ流の均一的グローバリズムが日本を覆いつくそうとしている。街の個性を消し去るかのように喫茶店やハンバーグ屋などのチェーン店があふれ、伝統を守り続けてきた老舗や歴史的な建造物が次々に姿を消している。

そうした現実を踏まえながらも、誇りと自信を持ってもらいたい。硬い歴史書ではなく、普通の人々が気軽に読めるような藩の入門書を執筆してほしいんだ。東京で、現代書館という出版社を営む菊地泰博さんからそう依頼されていた本、『盛岡藩』をこのほど出版した。「シリーズ藩物語」の一冊としてである。

陸前高田に生まれ育ち、一関一高に通った私自身にも藩意識はある。岩手県の県庁所在地が盛岡だといっても、高校を卒業するまで盛岡に行ったことは五度か六度しかない。そのうちの三度は、高校時代応援団幹部だったために運動部の応援で出掛けたためだ。むしろ、仙台の方が距離的にも精神的にも近い。高校の同級生も同様で、たとえば岩手大学を志望する人自体が少ない。圧倒的に南の大学を目指すのである。

高校三年生のときに、母校の先輩・三好京三さんが直木賞を受賞した。そのことに刺激を受けた私は、本好きだったこともあり、漠然とだが、本を書いたり編集したりする仕事にあこがれを抱いた。また、やはり高校の先輩で、早稲田大学時代にジャズにひかれたことをきっかけに、Uターンして母校の近くにジャズ喫茶・ベイシーを開いていた菅原正二さんの存在もあった。友人に誘われ二、三度通っただけだったが、モダンで東京の匂いがする空間だった。今のベイシーとは異なり、狭く、やたらに暗かった印象がある。

『盛岡藩』を執筆しながら常に念頭にあったのは、なぜ賊藩とされた盛岡藩が原敬、新渡戸稲造に代表されるような有為な人物を多く輩出したかだ。

これは私の想像に過ぎないのだが、廃墟と化した盛岡城の存在が原や新渡戸の反骨心に火を点し続けたのではないだろうか。盛岡藩の人々にとって、城の喪失は精神的支柱の喪失につながったであろうと考えられる。

二〇〇六年九月一七日、東京からやって来た菊地泰博さんと岩手公園を歩いた。岩手公園の愛称が「盛岡城跡公園」に決定した。その記念イベントが開催されていた。

「盛岡の人たちは、郷土を愛しているんだな」、そう菊地さんはいった。「やはり、戊辰戦争で最後まで戦ったのは正解だったよ。たとえ、負けるとわかっていても戦わないといけないときは、戦わないといけないんだ」そうもいった。

私もそう思う。秋田藩や弘前藩は奥羽越列藩同盟を裏切り、新政府側についた、その秋田藩と盛岡藩や一関藩は戦ったのだが、秋田藩は明治時代、原敬や新渡戸稲造に匹敵する人物を輩出しただろうか。

東京の大学に進学し、最初に出会った出版人が高校の先輩である菊地泰博さんだった。いつか、現代書館から自分の本を出す。それが、私のひとつの目標だった。

「高校の同級生がな、江戸川乱歩賞をとったんだ」、中津文彦さんのことを菊地さんは自分のことのように喜んでいた。そんなこともあった。

『盛岡藩』を執筆したことで、盛岡の街がとても身近になった。もう少し、盛岡藩のことを書いていきたいと思う。

『ずっぱり岩手』が十二年ぶりに内容を一新して登場

一九九五年、熊谷印刷出版部から刊行された『ずっぱり岩手』（ホセ＆わげすたーず編著）は大きな話題となり、地方出版ではあまり例のない六千部のベストセラーとなった。このたび、その内容を一新し、私を含めた六人のライターにより『ずっぱり岩手』（新版）が出版された。

旧版は肩の凝らない郷土本として絶賛されたのだが、さすがに十年以上経つと内容が古くなる。時の人が表舞台から退場し、紹介した施設の閉鎖が相次いだとあっては、増刷を見送らざるを得ない。三年ほど前に品切れとなったが、「ぜひほしいから譲ってくれ」という声が、引きも切らずに寄せられていた。

何とか、新しい形で『ずっぱり岩手』を出版できないだろうか。そう思うようになった私の背中をＮＨＫ朝の連続テレビドラマ「どんど晴れ」の放映決定のニュースが強く押した。岩手を舞台としたドラマが放映されれば、全国から岩手に対して関心がよせられる。「岩手さハマるキーワード事典」を出す絶好のタイミングだ、と思ったのだ。

当初は旧版執筆メンバーへの原稿依頼を考えたが、十二年の歳月が流れている。メンバーの居所が散り散りになり、不可能となった。「どんど晴れ」がスタートする二〇〇七年四月には出版したい。半年しか時間がない。やむなく、身近に接しているライターに依頼することにして、大急ぎで制作に取り掛かった。

旧版には三十人以上が執筆に参加しているし、メンバーが皆若い。それがいい意味に作用し、破天荒なパワーを生んだ。比較すれば、私を含めた六人はもはや「わげすたーず」とはいえない。パワーも欠けている。でも、郷土を愛する気持ち、岩手をわかりやすく伝えたいという気持ちは引けを取らないはずである。

岩手といっても広い。そして、深い。

たとえば、方言。私が中学校までを過ごした陸前高田では「仲間に入れる」意味で、「はめる」を使う。仲間に入れてほしいとき、「はめてけろ」とか「はめてけらっせ」というのだ。ところが、高校時代を過ごした一関ではそれが通じない。そんなときは「まぜてけろ」というのだ、と教えられた。盛岡だと、「かたるべ」というらしい。

IBC岩手放送菊池幸見アナウンサーから取材を受ける
（左から菅原伊保子、福士かお瑠、菊池幸見、筆者 2007年5月）

そんな風に、ガイドブックや観光パンフレットでは味わえない、岩手の魅力がずっぱり（たくさん）入った本が出来上がった。三三〇程度のキーワードでは、岩手を語りつくせないことはわかっている。でも、入門書としては十分だと思う。この本を読んで、岩手のファンが増えてくれればうれしい。

なお、本のサイトと同時に、岩手を楽しむポータルサイト「ずっぱり岩手」を立ち上げた。こちらには、旧版の内容がぺっこ（少し）入っているし、方言を楽しむコーナーのほか、名所・旧跡情報、博物館情報、元気な会社など盛りだくさんの情報を盛り込むつもりだ。

もし、できるなら、このポータルサイトを仲立ちにして、新しい『ずっぱり岩手』を作り上げていきたいとも、ひそかに思っている。

鹿角で戊辰戦争を考える

二〇〇七年七月二八日、郡山市在住の歴史作家・星亮一さんに誘われて秋田県鹿角市を訪ねた。同市花輪図書館で開催された戊辰戦争について考える学習会に参加したのだ。

私は二〇〇六年一一月、盛岡藩（現代書館刊）を出版した。幸いにしてこの本は、入門書として好評を博し、初版三千部を完売、千部を増刷し、さらに重版がかかる勢いで売れ続けている（現在五刷）。

とはいえ、その内容に不満がないわけではない。原稿枚数の制約もあり、記述がどうしても盛岡中心になってしまい、十分に書き込めない地域があったことは、本を出版してからも気になっていた。中でも江戸時代に盛岡藩に属し、廃藩置県で秋田県に編入された鹿角周辺の地域に関しては、ほとんど紹介できず、少し後悔もしていた。

そんな折、星さんから「鹿角を知るよい機会だから、ぜひ出かけた方がよいよ」と電話で誘われ、鹿角に向かうことにした。星さんは一関一高の大先輩で、『敗者の維新史』『奥羽越列藩同盟』『幕末の会津藩』(いずれも中公新書)など著書も多く、戊辰戦争研究に関しては第一人者といってよい。私が『盛岡藩』を執筆する際も、星さんの著作からずいぶん恩恵を受けている。

学習会には、地元鹿角の郷土史研究会のメンバーを中心に、秋田の出版社・無明舎出版の編集者のほか、遠く郡山、会津若松、仙台からも参加者があり、総勢二〇名ほどになった。遠隔地からの参加者は星さんが主宰する戊辰戦争研究会会員であり、こうした集まりには星さんに同道し、積極的に参加しているという。

当日の発表は、鹿角周辺の人々が戊辰戦争の時代からどう生きてきたか、という内容が中心だった。私はほとんど、この方面に無知だったので、得るところが多かったのだが、戦争以来一四〇年近くが経過してなお、鹿角の人々の心にその傷跡が残っていることを思い知らされた。

一八六八(慶応四)年七月盛岡藩が秋田藩と戦争した際に、主戦場となったのは、秋田藩領の大館であった。当初は盛岡藩が優勢で、大館の人家に盛んに火をつけたのだという。そのため、大館の人々は「南部の火付け」といって、盛岡藩の軍勢を恐れた。結果的に、新政府軍の加勢を得た秋田藩が勝利を収め、盛岡藩は賊藩として処罰を受けた。

悲劇は、廃藩置県で鹿角が秋田県に編入されてからも続いた。大館を中心とする旧秋田藩の人々には、家を焼かれ、肉親を戦争で失った人も多く、旧盛岡藩の人々に対する憎しみが残った。そのこともあり、鹿角周辺の人々は賊軍として秋田県で差別を受けることになった。秋田県の中では活躍の舞台が与えられないと、盛岡に移り住んだ人も結構いたようだ。

本当は、大館に住む人からも発表がある予定だったが、直前にキャンセルになった。賊軍の集まりに、参加する気持ちが失せたのではないか、そう鹿角の人はいうのである。

学習会の後、戊辰戦争で犠牲となった盛岡藩士の墓を案内してもらった。秋田藩の犠牲者には「官軍」と刻まれているのに対し、当然、盛岡藩士の墓にはそういった記載がなく、ひっそりと建っていた。鹿角の人々は墓まで差別されてきたのである。

一九一七（大正六）年九月八日、時の政友会総裁・原敬が祭主となり、盛岡市報恩寺境内で戊辰戦争殉難者五十年祭が盛大に行われた。内閣総理大臣になる一歩手前まで昇りつめていた原は、そのことで賊軍の汚名を晴らした。鹿角の人々も、心の中で快哉を叫んだに違いない。だが、秋田県の中では、表立って、それを表現することはできなかったかもしれない。

そもそも、なぜ、鹿角が秋田県に編入されたのか。尾去沢鉱山の利権が絡んでいることは確実だが、あまり明確にされてこなかった。歴史の闇はまだ、深い。

秋田県では二〇〇七年七月、「戊辰戦争について語り合う会」が発足し、活動を始めた。敵味方に別れて戦った秋田県内の人々が、冷静に過去の歴史に対峙しようとしている。

私はその動静に注意を払いながら、今後とも盛岡藩に関する歴史理解を深めてゆきたい。

盛岡冷麺物語

二〇〇八年一月二七日、盛岡の北ホテルでささやかな出版パーティーが行われた。総勢五〇名くらいだろうか。『盛岡冷麺物語』（リエゾン・パブリッシング刊）の著者・小西正人さんが家族を同伴して参加、小西さんの友人や知人の他盛岡冷麺に関心のある人も飛び入りで参加し、なごやかな雰囲気の会だった。

この本は、朝日新聞岩手版（一九九三年一一月一八日〜一二月二〇日まで）に「冷麺物語日本と韓国・朝鮮の間に横たわるもの」というタイトルで連載された記事を中心にまとめたものである。

記事が出てから十数年を経て出版されるというのは、そんなにあることではない。当時朝日新聞盛岡支局で記者をしていた小西さんは現在（二〇〇八年）名古屋テレビ報道局に勤務。パーティーにも名古屋から参加していた。こんなことも稀なケースである。

全国紙の記者は優秀な人が多いが、残念なことに二、三年で他に異動してしまい、ハガキ一枚の挨拶状でもうそれっきりになり、縁が切れてしまいがちだ。小西さんは人との付き合いを大切にしてきた人らしく、かつて付き合いのあった人とマメに連絡をとってきたようで、そのことが今回の出版に結びついたといえる。

私は著者と面識がなく、初めて会ったのだが、本書を読み進むうちに内容が色あせていないことにまず感心した。文体の清新さとでもいうのだろうか。新聞記事はどうしても一過性になりがちだが、本書は時の経過に耐える文章で書かれている。

著者が取材者に真摯に向き合っている姿勢が行間からひしひしと感じ取れる。人間に焦点を当てているので、興味をもって読み進むことができた。

主人公は青木輝人さん。故人である。盛岡市大通にある食道園の初代店主。物語は青木さんが船で朝鮮半島から日本に渡るシーンから始まる。一九三八（昭和一三）年、青木さんは二三歳だった。

当時の朝鮮は日本の支配下にあり、土地は日本人に奪われ、まともな仕事をさがすことはできなかった。青木さんの元々の名前は楊龍哲《ヤンヨンチョル》だったが、「創氏改名」を余儀なくされ、「青木輝人」と名乗るようになった。

自身の姓名を奪われた青木さんは、それでも異郷である日本での生活に活路を求めた。もちろん、在日朝鮮人に日本の社会は冷たかった。それでも、苦難を乗り越え、青木さんは挑戦を続けた。

盛岡にたどり着いた青木さんは一九五四（昭和二九）年、平壌冷麵を盛岡に定着させようと食道園を開いた。当初の評判は散々で、「ゴムを食わす気か」と客に怒鳴られることもあったという。青木さんは自身の舌の記憶を頼りに冷麺を改良してゆく。

その結果、盛岡冷麺は徐々に浸透してゆき、今日の隆盛を招くのである。

本書は、なぜ冷麺が盛岡の名物になったのか。そのルーツを平易な文章で解きほぐしている。また、在日朝鮮人として日本に生きる人々の苦悩もよく描かれている。優れたルポルタージュである。

盛岡城復元で郷土史に関心を

私が勤めている熊谷印刷では月に一度、NPO法人いわてシニアネットと協働で、「文化サロン」と題する講演会を開催してきた。その三周年記念と戊辰戦争一四〇周年を兼ねて二〇〇八年六月一八日、「盛岡藩と明治維新」というイベントを開催したが、百人を超える参加者があり、盛況だった。

中でも注目を集めたのが、古写真のコレクターである村田明氏が提供した盛岡城の写真だった。現存する唯一の、盛岡城が映っている写真である。

盛岡藩は戊辰戦争に敗れ、賊藩とされた。その結果、盛岡城は一八七二（明治五）年一月一五日に閉鎖され、兵部省の管轄となった。二年後には廃城となり、兵部省を継いだ陸軍省の用地とされた。その過程で、城内の建築物のほとんどが取り壊しになった。

その後、城跡は南部家に払い下げられたが、一九〇六（明治三九）年、岩手県は南部家から貸与を受け、整備した後の同年九月一五日に「岩手公園」として開園した。

二〇〇六（平成一八）年開園百周年を記念して、愛称が「盛岡城跡公園」に決められたことは記憶に新しい。

せっかく「岩手公園」として親しまれてきたのに、今さら愛称をつけなくてもよいのではないか、などと言われもしたが、ルーツを鮮明にする意味で、私は「盛岡城跡公園」という愛称が付けられたのはよかったと思っている。

『盛岡藩』（現代書館）を出版したことがきっかけで気が付いたのだが、盛岡藩家老の孫である原敬が内閣総理大臣にまで昇りつめ、賊藩の汚名をそそいだおかげで、盛岡周辺の人々は旧会津藩や旧秋田藩の人々に比べ、屈託が少ない。

逆にいえば、戊辰戦争など岩手県成立にまつわる歴史に対する関心が低い。

そこで、提案である。過去に何度か立ち消えになったというが、宮城県の白石城のように、盛岡城を復元したらどうだろう。

予算的に厳しいかもしれないが、そういうシンボルがあれば、郷土の歴史に対する関心が高まり、郷土愛も育まれると思うのだが。

本懐・宰相原敬――原敬日記をめぐって

元原敬記念館館長の木村幸治さんがこのほど、『本懐・宰相原敬――原敬日記をひもとく』（熊谷印刷出版部）を出版した。編集者の立場から、その内容を紹介する。

一九六八年一月三日に起こった鳥羽・伏見の戦いを発端に戊辰戦争が始まったが、盛岡藩は仙台藩・会津藩などとともにその戦いに敗れ、賊藩とされた。

その結果、明治維新は薩摩藩・長州藩などの出身者主導で行われ、新政府の下では賊藩出身者には活躍の舞台がほとんど与えられなかった。

そうした逆境にありながらも、盛岡藩出身の原敬は内閣総理大臣にまで昇りつめ、見事に賊藩の汚名を晴らすことに成功した。

木村幸治さんの原敬への傾倒はすさまじく、ここ十数年は「原敬日記」を座右の書にしてきたという。起きていても寝ていても日記の内容が思い出され、原敬が山県有朋に話しているシーンが夢にまで出てきたという。

「原敬日記」は当時の政治情勢を知ることができる第一級の資料だ。原敬は明治八年四月一四日、一九歳の時から日記をつけはじめ、大正一〇年一〇月二五日まで書き続けた。九日後の一一月四日、六五歳の時に原は東京駅で中岡艮一《こんいち》という青年に暗殺されるが、まさにその直前までの動静が日記から読み取れる。

本書には、「原敬日記」を丹念に読み込んだ成果が反映されている。挫折を繰り返しながらも挑戦を続け、ついには藩閥政府を倒すに至った原敬の不屈の精神と人間性が生き生きと描かれている。

同時代には新渡戸稲造、佐藤昌介、後藤新平などの岩手県人が活躍しているが、背後には原敬の存在があった。

たとえば、新渡戸稲造は国際連盟事務次長として活躍し、「国際連盟の良心」とたたえられたが、新渡戸が活躍したのは原敬が総理大臣の時代である。原が背後にいなかったら、国際人としての活躍はかなり、制限されたものになっていたかもしれない。

また、佐藤昌介は北海道帝国大学初代総長に就任するが、これは原敬が新制大学を多く誕生させた故に実現したといってもよい。原は盛岡藩政時代、藩校の作人館で佐藤昌介と共に学んだ間柄だった。

盛岡藩は多くの逸材を世に送り出したが、そのリーダーが原敬だった。同郷の才能ある人々に活躍する場を提供したのも原敬だったことが、本書で詳細に紹介されている。

もちろん、原敬の仕事は決して郷里にのみ向けられたわけではなく、交通網の整備や皇太子(後の昭和天皇)の外遊など、従来の藩閥政治家がなし得なかった功績が原にはある。

本書には、原敬の魅力がたっぷりと詰まっている。

列藩同盟の歴史的意義

奥羽越列藩同盟の歴史的意義を考えるシンポジウム「戊辰戦争一四〇年ｉｎ白石」が二〇〇八年一一月二三日、六百人余りの参加者を集めて、宮城県白石市で盛大に開催された。

戊辰戦争は薩摩、長州を中心とする新政府軍と、旧幕府勢力との戦いである。新政府は朝廷を介して仙台藩、米沢藩などに会津藩討伐の命令を下すが、東北の諸藩は承服せず、会津藩助命の方策を練る。とはいえ、新政府には会津藩を許す気はもとよりなかった。

内戦の可能性が高まる中、北越諸藩を加え、奥羽越列藩同盟が結成されたのは一八六八年五月三日。白石市にあった片倉城に、「奥羽北越公議府」が置かれた。

シンポジウムは同盟の舞台となった白石市が中心となり開催。史実を今後の街づくりに生かそうとの趣旨で、同盟に参加した秋田、盛岡、仙台、会津、米沢、長岡各藩の研究者と白石市長がパネリストとして参加した。『盛岡藩』（現代書館）の著者である私は、盛岡藩を代表して話をした。

東北における戊辰戦争は新政府から仕掛けられた戦争で、薩摩と長州には、会津と庄内に対する報復の念が根底にある。

一方、盛岡藩にとっては戦争に対する当事者意識が弱く、それが対応の遅れとなった。最終的には筆頭家老・楢山佐渡の決断により、同盟を裏切った秋田藩への侵攻を開始するが、一八六八年九月二五日の戦いに敗れ、最後の賊藩となった。

戊辰戦争の敗北により東北地方の近代化は遅れ、賊藩出身者は新政府の下で出世の道を閉ざされた。わずかに外交と軍事などの方面に活躍する余地が残されたが、逆境をバネにして藩閥政治を打倒し、内閣総理大臣にまで昇りつめたのが盛岡出身の原敬だ。

薩摩、長州の理不尽な要求に屈せず、同盟支持の立場を貫いた楢山佐渡の決断は間違っていない、と私は思っている。

戦いには敗れたが、楢山佐渡の武士道精神は原に受け継がれた。原は初の政党内閣を組織し、全国の鉄道網を整備した。さらに中等教育を充実させるなど、それまでの藩閥政府がなしえなかった民主政治を実現した。

シンポジウムでは、その功績をもう一度評価すべきではないか、と私は強調した。

史実をどうとらえるかは難しい問題だが、明治時代に岩手県がどのようにして形成されていったかを知る意味でも、奥羽越列藩同盟の歴史的意義は重要だ。改めてそう思った。

『それぞれの戊辰戦争』を上梓して

三月一〇日（二〇一二年）、東日本大震災が起こってから一周年になろうとするその日を、私は生まれ故郷である岩手県陸前高田市で迎えた。従兄二人と中学校の同級生六人をなくした私は、東日本大震災での惨禍を知るに及び、一四〇余年前の出来事が思い出された。

岩手、宮城、福島の被災三県はかつての盛岡藩、仙台藩、会津藩で、戊辰戦争で敗れ苦難の日々を送った地域だった。私は旧仙台藩出身者である思いを重ねながら、史実を振り返り、昨年（二〇一一年）一二月、『それぞれの戊辰戦争』（現代書館刊）を上梓した。

とりわけ思いを寄せざるを得ないのは、原発事故の影響で全国にちりぢりとなった福島の人々だ。戊辰戦争で敗れた会津藩出身者が北海道に渡る者、新たに立藩した斗南《となみ》藩士として生きる者、米国・カリフォルニアに渡る者などに分かれたことの再現といっても過言ではない。今、その悲劇が再び繰り返されようとしている。被災地への教育面のフォローがとりわけ必要である。

賊軍から重用大島高任

明治新政府に盾つく賊軍とされ、戊辰戦争に敗れたために「白河以北一山百文」と蔑まれた東北地方は教育や開発が遅れ、東北出身者は長らく歴史の表舞台で活躍できなかった。長州、薩摩といった藩閥出身者が幅を利かせていたためで、盛岡藩出身の原敬が大正七年（一九一八年）に東北出身者として初めて内閣総理大臣となって以降、やっと東北出身者が各界で台頭しはじめる。岩手出身者でいえば、新渡戸稲造、後藤新平、北海道帝国大学初代総長の佐藤昌介といった人々である。ちなみに、俳句をたしなんだ原敬の号は「一山」で、賊軍の屈辱をバネに格闘した生涯だった。

一方、賊軍出身者でありながらも、明治新政府に重用された稀有な存在が盛岡藩出身の大島高任だ。近代製鉄の先駆者として知られる大島は盛岡藩士の診察をつかさどる奥医師の家に生まれたが、長崎や江戸への遊学を重ねて西洋砲術を学び、水戸藩主・徳川斉昭に招かれ反射炉を完成させた。安政四年（一八五七年）には鉄製大砲の鋳造に成功している。

要塞の設計者武田斐三郎《あやさぶろう》

その才能は幕府の知るところとなり、文久二年（一八六二年）には幕府御用により箱館に出張、箱館奉行の配下として防衛設備や鉱山開発に当たった。箱館は日米和親条約によって開港して以来、国際貿易港として発展を遂げていた。箱館奉行所は幕府外交の拠点として設置されたもので、大島のほかにも郵便制度の創設者・前島密《ひそか》など才能のある人々が集まった。箱館奉行所の配下・諸術調所教授役で蘭学者の武田斐三郎はヨーロッパの城郭都市をモデルとした要塞を設計し、築造に取り掛かっていた。当初港に近く箱館山麓に設置された箱館奉行所だが、防衛上の理由から内陸への移転が迫られていたのだ。元治元年（一八六四年）六月、その形状から五稜郭と呼ばれた要塞の築造工事がほぼ終わり、箱館奉行所が移転している。

なお、後に同志社大学を設立する新島襄が箱館に武田を訪ねているが、武田は五稜郭完成後、開成所教授として江戸に戻った後だった。いかに、教育者として武田が優れていたかを示す証左だろう。

大島にとっても、武田斐三郎との交遊は刺激的だったに違いない。盛岡藩に戻った大島は洋学校・日新堂を立ち上げて教育に当たったが、戊辰戦争の敗北により日新堂は廃校になる。

明治新政府は大島を大学大助教・民部省鉱山司の鉱山権正に抜擢した。明治四年（一八七一年）一一月には、岩倉具視を団長とする岩倉使節団に加わって、欧米視察の旅に出ている。鉱山技術者としての技量が買われてのことだ。

五稜郭は榎本武揚をリーダーとする旧幕府軍が立てこもり、新政府軍との間に戊辰戦争最後の戦いを繰り広げたところだ。現在では、当時の建物はほとんど取り壊され、往時の記憶をたどるのは難しい。しかし二〇一〇年、箱館奉行所が当時の図面や史料を基に復元され、当時の人々の営みをたどることができるようになった。教育者として武田斐三郎が果たした役割など、戊辰戦争前後の箱館にはまだまだ掘り下げるべきテーマが遺されている。今後も探求の旅を続けようと思う。

楢山佐渡と盛岡藩

青年家老・楢山佐渡の登場

幕末の盛岡藩をリードした楢山佐渡は、天保二年（一八三一）家老楢山帯刀《たてわき》の庶子として生まれた。代々家老を勤めた家柄で、六歳で時の藩主・南部利済のお相手として城に召され、一五歳で側役となった。

利済は財政逼迫にもかかわらず奢侈を重ね、農民は大凶作と増税でおおいに苦しんだ。そのため農民の不満が爆発し、弘化四年（一八四七）には三閉伊一揆が勃発、三浦命助の指導の下、一万六千人が仙台藩領に逃散を図る事態となった。一揆には利済の悪政に対する批判が含まれていた。

佐渡が家老に抜擢されたのは嘉永五年（一八五二）、二二歳のときである。翌年には弘化の百姓一揆をさらに上回る一揆が勃発、佐渡は協力者としてみずから家老に任命した東中務とともに一揆の終結など内政改革にあたった。

安政二年（一八五五）四月一四日、藩主を退いた後も「院政」を布き藩政を牛耳っていた利済が没すると、佐渡は藩主・利剛のもとで新しい人材を登用（新渡戸稲造の祖父・新渡戸伝、江幡五郎など）し、産業の振興、教育改革などで手腕を発揮した。

奥羽越列藩同盟へ

慶応三年（一八六七）一〇月一四日、一五代将軍・徳川慶喜は大政奉還を上表し、二六〇年に及んだ江戸時代は終わりを告げた。慶喜は征夷大将軍の職を辞して、大坂城で謹慎した。翌慶応四年一月三日、薩摩・長州を主力とする倒幕軍と会津・桑名を主力とする徳川慶喜軍が鳥羽・伏見街道で衝突したが、戦いはわずか三日で終結する。一五歳の明治天皇を担ぎ出し、

「錦旗」を掲げることに成功した薩摩・長州軍が官軍として勝利し、旧幕府勢力は朝敵とされた。江戸に戻った慶喜には、追討令が出されることとなる。

その事実を盛岡藩が把握したのは、一月一八日だった。江戸家老・野々宮真澄が江戸城に出頭を命じられ、経緯を伝えられたのだ。その後、仙台藩に会津藩討伐の命令が朝廷より下され、米沢・盛岡・秋田の各藩にも仙台藩と協力して会津を討伐するようにとの命令が下された。

やがて、楢山佐渡を中心に対応を検討していた盛岡藩に、仙台藩から使者がやって来た。会津討伐はしばらく形勢を見てからでも遅くない。すでに出兵猶予を朝廷に建白すべく人を派遣しているので、その返事を聞いたうえで行動を共にしようという打診である。建白の内容は、かつて長州藩は禁門の変で朝敵とされたが、いまは官軍である、徳川家や会津藩も同様で、いま朝廷の名の下で会津藩を討つことは人心をして離反せしめるだけだ、といったものだった。

仙台藩の中枢では、このときすでに奥羽諸藩を結集して反薩摩・長州の同盟を結成することが想定されていた。

京で出会った薩長軍

しかし、佐渡は朝廷から命令が出ている以上、いたずらに出兵を遅らせるべきではないと考え、出兵の準備を進めていた。仙台藩からの使者には、意図はわかるが、朝命であり、出兵後に建白すべきであると返事をして、京都へ向かった。

京都は幕府が政権を返上して以来、各藩兵により守られていた。その任務を遂行するのが目的だったが、京都の情勢をこの目で見たいという思いもあった。用人目時隆之進、目付の中嶋源蔵、佐々木直作のほか二百名も同道した。

京都での日々を過ごすうち、佐渡はしだいに薩摩・長州を中心とする新政府に懐疑的になっていく。薩長の下級武士たちの日常の挙動を目の当たりにするにつれて、この成り上がり者たちが新政府での政治を受け持つのか、と思うようになっていった。自身が代々家老の家柄の出であり、下級武士出身者によって担われる新政府に対して、感情的に相容れないものがあったに違いない。

三月末、佐渡は新政府のリーダー・西郷隆盛に面会を求めて薩摩邸を訪ねた。西郷はあぐらをかき、数名の藩士と牛鍋をつついている最中だった。そこでどのような対話がなされたのかは明らかではないが、佐々木直作に「まったく呆れ果てたものだ。武士の作法も地に落ちた。あれで天下の政治がとれるものであろうか」と語ったという。

西郷は勝海舟との会談でまとめた江戸城無血開城案を会議で承認してもらうため、京都に戻っていて、一仕事終えリラックスしていた時期である。対する佐渡は盛岡藩の命運を一身に背負っているという気概に満ちており、両者の精神状態の違いも顕著だった。さらに南部の言葉と薩摩弁では、わかりあえるのは土台難しかったかもしれない。ともあれ、西郷との会談により佐渡は新政府に対して悪印象を抱いたのは事実で、そのことが佐渡の決断に影響したことは間違いない。

秋田藩の裏切り

佐渡が京都にいるあいだ、奥羽諸藩には大きな動きがあった。仙台藩の建白は実を結ばず、三月二七日、仙台に奥羽鎮撫総督九条道隆、副総督沢為量、醍醐忠敬の一行が到着。そのなかには長州の世良修蔵、薩摩の大山格之助がいて、参謀として実権を握っていた。

やがて、仙台藩を介して会津藩から降伏謝罪の嘆願書が出された。仙台藩は米沢藩と協議のうえ、白石に奥羽諸藩を集め、会津助命の議を図った。盛岡藩からは野々村真澄、江帾五郎が出席した。「藩主は城外に謹慎し、京都における争乱の首謀者は斬首して差し出す」ということの嘆願書に対し、九条総督は許可しようとしたが、世良修蔵の反対で却下された。

そのため、白石列藩会議に参集した諸藩は会津・庄内の攻め口の解兵を宣言し、新政府との摩擦が生じはじめた。かつて京都守護職にあった会津藩主・松平容保の支配下にあった新選組が長州藩士に対し暴威をふるった記憶が生々しく、もともと会津を許す気はないのである。

その後、北越諸藩が加わり奥羽越列藩同盟に発展、白石の片倉城には「奥羽北越公儀府」が設置された。そのため、九条総督の身に危険を感じた東征大総督府は肥前藩の前山精一郎を派遣して、救援に向かわせた。前山は肥前・小倉の藩兵を率いて仙台に到着し、九条総督を伴って盛岡に転陣した。

一行約千三百名は六月三日、盛岡に入った。盛岡藩主・南部利剛は総督のご機嫌伺いに訪れ、礼を尽くした。城下の寺院を宿舎に提供し軍資金として一万両を提供するなど、朝廷への異志がないことを表明した。

盛岡に二〇日あまり滞在した一行は六月二四日、秋田に向かった。そのころ秋田藩では同盟の盟約を守るべきか否かで藩論が二分されたが、やがて同盟反対に藩論が決定した。

その動きを察知した仙台藩では使者を派遣して、盟約を守らせようとしたが、その使者を秋田藩士が斬った。このとき、たまたま同じ宿舎にいて九条総督に随行していた盛岡藩士が誤って斬られている。

楢山佐渡の決断

七月三日、盛岡藩では盛岡城中菊之間に家老、奉行、目付などが集まり、藩論をどうまとめるかで議論が闘わされた。反同盟の立場にあった東中務は幽閉中で、同盟に加担する意見がやや優位だったが、結論は出ず、京都にいる佐渡に帰国を促すことになった。筆頭家老であり、藩主・利剛の信頼が厚い佐渡がどう決断するか、その決断に盛岡藩の運命がかかってきたのである。

同盟支持を打ち出し、帰国しようとしていた佐渡に用人・目時隆之進と目付中嶋源蔵が異を唱えたが、佐渡はその意見を聞き入れなかった。

佐渡は早速帰途仙台に寄り、佐々木直作と数名の従者だけを従えて仙台藩の家老・但木土佐に会った。同盟の指導者・但木から秋田藩が裏切り、盛岡藩がまだ秋田討伐を決定していないことを知った佐渡は但木と一連托生であることを確かめたうえで、盛岡に戻った。

七月一六日の夕刻、佐渡が戻ったその日に城中、菊之間で御前会議が開かれた。議論が出尽くしたと見るや、佐渡は京都の情勢を詳細に報告し、ただちに秋田討伐に踏み切るべきだと主張した。佐渡の決断により、秋田討伐が決定された。

敗北と切腹

七月二七日、佐渡と向井蔵人を総大将とする総勢二千余名は秋田に出陣した。

八月八日、国境鹿角口に軍勢を進めた佐渡は、秋田藩十二所館の守将・茂木筑後に対し書状を送り、「奥羽同盟の御趣意に御立ち戻」ることを促したが、翻意させることはできなかった。茂木からの返事に接した佐渡は進軍を開始した。秋田藩は自ら十二所館に火をつけて退却した。盛岡藩の進撃は止まることを知らず、八月二二日には要衝である大舘城を落とし、さらに米代川沿いに進み、二ツ井まで迫った。

だが、盛岡藩の進撃もそれまでだった。秋田藩を支援する肥前、島原などの諸藩による新政府軍がつぎつぎに到着したのである。近代兵器を擁する新政府軍の攻撃に、盛岡藩はしだいに劣勢になり、九月二五日ついに降伏した。

佐渡は江幡五郎、佐々木直作と共に捕らえられ、東京に護送された。謹慎が解かれた東中務が佐渡に替わり盛岡藩を取り仕切るようになり、東は藩存続のために奔走した。

のちに、ほかのふたりは赦免されたが、佐渡は許されず、翌明治二年（一八六九）六月二三日、移送された盛岡の報恩寺で反逆首謀の罪名により、打ち首の刑に処せられた。多くの立ち合い人が見守るなか、処刑は切腹の形で行われた。

盛岡藩の責任を一身に背負って世を去った佐渡は、辞世の歌を残している。

花は咲く柳はもゆる春の夜に
うつらぬおのは武士の道

のちに内閣総理大臣に昇り詰める原敬（一八五六－一九二一）は、この日報恩寺の土塀の周りを涙を流しながら歩いたと伝えられる。家老の祖父・直記が佐渡と親しかったこともあり、原の心中には佐渡の無念を晴らそうという思いが芽ばえた。武士として潔く生き抜いた楢山佐渡は、類稀な政治家・原敬を誕生させる原動力となったともいえよう。

三国志・三顧の礼の旅

今年（二〇一四年）六月二日、三国志研究の第一人者である立間祥介先生が八六歳で亡くなられた。一九九四年九月二日から一〇日にかけ、立間先生を団長とする「三国志・三顧の礼の旅」に出かけたときのことを思い出される。総勢一〇名で河南省の許昌、南陽などを訪ねるという、今思えばずいぶんとぜいたくな旅だった。

曹操が後漢最後の皇帝・献帝を招き、遷都したという許昌の周辺は葉タバコの産地だ。バスで移動したのだが、驚いたことに道路一面に葉タバコなどの収穫物が置かれていて、その光景が何十メートルと続いていた。どうやら、通り過ぎる車に脱穀機の役割を期待しているらしい。農民も一緒に座っていて、バスが近づいてもぎりぎりまでよけようとせず、危ないことこの上ない。

そのようすを見て立間先生が、「中国の農民は古代とあまり、変わっていないのかもしれない」とおっしゃられた。道は元々、皆のものだ。政府が勝手に自動車道にしたままで、車にだけ道を占拠させるわけにはいかない。私には、農民がそういった意思表示をしているように思われた。

三国志には、古代中国に生きた人々の息吹、生活の智慧が詰まっている。一筋縄ではいかない中国の源流がそこにはある。立間祥介先生の死去に際し、もう一度三国志について渉猟してみよう。そう思った次第である。

及川和男さんとのこと

及川和男さんと初めてお会いしたのは、一九九六（平成八）年春頃だったと記憶しています。当時私は東京で編集者をしていましたが、沢内村の深澤村長の生涯を綴った『村長ありき』（新潮社）をすでに読んでいて、感銘を受けていました。そのことを口にすると、読書家であった母もその本を読んでいて、及川さんが実家の近くに住んでいるというのです。私は母を介して、面会を求めお宅に伺うことができたのでした。

私は編集者をしながら本を書いていました。最初の本は、宮沢賢治と親交があった中国の詩人・黄瀛の評伝『黄瀛―その詩と数奇な生涯』（日本地域社会研究所刊行）でした。その本を寄贈すると、とても興味深く話を聞いて下さり、賢治の話などをして盛り上がりました。

同年夏、私は東京での生活に別れを告げ、Uターンしました。盛岡にある熊谷印刷出版部で編集者として働くことになったのです。そのことを伝えに自宅を訪ねると喜んでくれ、一関・文学の蔵への入会を勧められました。私は早速入会し、交際が頻繁になりました。当初は年に一度の総会くらいしか活動に参加せず、あまり熱心な会員とはいえませんでしたが。

近所ということもあり、年に一度や二度個人的に自宅を訪ね、文学の話をし、いろいろと教えていただきました。私が本を出すと、そのたびごとに的確な感想を話してくださり、大いに勇気づけられました。及川さんからも新著が出るたびに本をいただくようになりました。それまで作家との付き合いはほとんどなかったので、及川さんとの交遊はとても刺激的で、得るところが大きかった、と今思い返しています。

だいぶ以前からのことですが、本が売れなくなり、出版界は苦境に立たされています。私が勤務していた印刷所は郷土出版に力を入れていたのですが、本を作っても売れ行きが悪く、自費出版で本を作ろうとする人も減り続けていました。

そんな状況を見かねたのか、及川さんは自費出版の仕事を紹介してくださいました。最初は文学の蔵会員でもあった鈴木絹江（筆名：鈴木きぬ絵）さんです。鈴木さんは俳句を盛んに作っていましたが、熊谷印刷出版部から第一句集『火の鳥』を出すことができたのです。

また、自身島崎藤村の研究者でもあり、『藤村永遠の恋人　佐藤輔子』（本の森）の著者でもあった及川さんは藤村記念館発行の『明治女学校生徒　佐藤輔子の日記』の印刷の仕事を回してくださいました。この本は及川和男編著でしたが、その作業を通して作家としての仕事の綿密さに触れることができました。

及川さんは取材を通してできた人間関係をとても大切にします。本にしたらそれでおしまいではなく、以後も人間関係を保ち続けます。これはなかなかできないことです。そのことを実感したのが、石川敬治郎『どの子もすこやかに―小児科医の心の軌跡』（社会福祉法人岩手愛児会）でした。

『鐘を鳴らして旅立て―みどり学園療育記』（新潮社）という本があります。盛岡にある心身を病んだ子供たちを預かっているみどり学園を描いた優れたルポですが、その主人公が石川敬治郎（一九三二―二〇〇五）でした。書き溜めた文章を本にして遺したい。そういった希望を夫人から聞かされた及川さんは刊行委員会を立ち上げ、四〇〇字詰め原稿用紙四五〇枚に及ぶ石川の原稿をワープロに打ち直すなど積極的に編集作業に携わりました。私はその作業を手伝い、本は二〇〇八年夏に熊谷印刷出版部より販売されました。人のために役立つことをしようという、及川さんの奉仕の精神に心打たれました。

及川さんはよく、「恩送り」ということばを口にしていました。人から受けた本を大事にすること、恩は必ずしも受けた人に返さなくてもよく、別の人に恩を施してもよい。その人生を顧みると、まさにそのことばを実践してきたのだな、と思います。どうぞ安らかにお眠りください。

一関出身の外交官・高平小五郎と原敬

原敬が東北人として初めて内務大臣に就任した前後に活躍した外交官に、一関出身の高平小五郎がいる。原と高平にはこんな接点があった。

原は第二次西園寺公望内閣で内務大臣を勤めたが、明治四一（一九〇八）年七月一四日桂太郎内閣成立に伴い辞任した。この時、臨時に七百円の賞与を貰っている。

明治三八（一九〇五）年一二月、不貞を働いた貞子と原は正式に離婚、長く内縁関係にあった芸者浅と明治四一（一九〇八）年一月一四日、正式に入籍した。

住まいが狭かったので、新居を購入しようと思い、原は浅に相談した。浅は現在の家は多少増築すればよく、残った金で久しぶりに洋行し、見聞を広めたらどうかと提案した。

原はその提案を受け、随員を伴い、夫婦で世界一周の旅に出た。横浜を出発、カナダのバンクーバーを経てアメリカに上陸、シアトル、サンフランシスコ、ニューヨーク、ボストンを経てヨーロッパへ。それからフランス、イギリス、ドイツ、スペインなどを経てモスクワへ。帰りはシベリア鉄道、南満州鉄道を乗り継ぎ、ハルピンを経て旅順に到着。旅順から船(浅草丸)で日本に帰国した。一七カ月に及ぶ旅だった。

サンフランシスコではこんなことがあった。市内には日本人による喫茶店があり、日本人がアメリカに溶け込もうとしていることに安堵したが、海水浴場で「日本人入るべからず」の立て看板を見た。このことは後年原が内閣総理大臣に就任した際、パリ講和会議で「人種差別禁止の規定」を国際連盟規約に盛り込むことを強力に提案するきっかけとなった。

九月二七日、ワシントンに着いた時は一関藩出身で日本大使館に勤務する高平小五郎大使が歓待してくれた。高平は安政元(一八五四)年一関の生まれで、旧姓は田崎といった。一六歳の時、一関藩の祐筆だった高平真藤の養子となり、高平を名乗った。明治維新後上京して貢進生として大学南校(現東大)に学んだ。卒業後工部省に出仕したが、外務省に転じ外交官となった人物だ。

日露戦争に勝利した日本は、第二六代アメリカ大統領セオドア・ルーズベルトの斡旋によりポーツマス条約を調印した。

そのときの日本の主席全権委員は小村寿太郎だが、高平は小村の下で実務に当たった。日本とロシアとの交渉には紆余曲折があったが、最終的には「日本は賠償金を要求しない。ロシアは樺太の北緯五〇度以南を割譲する」という条件で合意に達した。

日本はこの講和条約により、韓国における日本の優位、満州からのロシア軍の撤退などを実現した。樺太の南半分に加え、大連・旅順の租借権をロシアから譲り受け、長春から旅順までの東清鉄道南満州支線なども譲渡された。小村と高平の粘り強い交渉の成果といえる。

高平とルーズベルト大領領にはそんな接点もあり、高平は原にルーズベルトに謁見してほしいと依頼した。原は明治四一（一九〇八）年九月二八日、高平の紹介で、ルーズベルトに謁見している。ルーズベルトは、親日家として知られていた。

一九〇四年三月、日露戦争中のことだが、貴族院議員金子堅太郎が政府から派遣され、ルーズベルトに斡旋工作を依頼している。金子はハーバード大学留学中にルーズベルトと知り合っていた。

そのとき、日本を知るための書として金子がルーズベルトに寄贈したのが、一九〇〇年に出版され、世界的なベストセラーになった、新渡戸稲造（一八六二―一九三三）が英文で書いた『武士道』だった。高平はそのとき、金子と共にルーズベルトに会っている。

『武士道』を読んだルーズベルトはその内容に感心し、子供たちに買って与えたという。原とルーズベルトが会った際、新渡戸稲造のことが話題になったに違いない。

高平小五郎はその後外務次官となり明治四一（一九〇八）年には駐米大使に就任した。勲一等に叙せられ貴族院議員となり、枢密院顧問官も務めた。大正一五（一九二六）年一一月二八日に亡くなった。七二歳だった一関市の釣山公園に胸像が建立されていて、墓は東京都府中市の多磨霊園と一関市の瑞川寺にある。

Ⅲ 文学による街おこし

万人坑に思う—中国で感じたこと（一）

その日は、朝からどんよりとした天気だった。八月半ば（一九八二年）だというのに、つい一週間前までは暑苦しい夏の暑さだったというのに、長春ではもう夏が過ぎ去ろうとしていた。

僕がこの地長春に来てもう三週間になる。一月の短期留学もそろそろ終わりに近づいている。月日の経つのは早い。折角生活にも慣れ、親しい中国人の友人ができたというのに。

でも、果たしてどこまで親しいのだろう。家に招かれてごちそうしてもらったし、いろいろと親切に中国語を教えてくれた。一緒に日本の歌や中国の歌も歌った。それなのに、どこか目に見えない壁を感じるのだ。この線から出てはいけないよ、そういう予防線が絶えず張り巡らされ、お互い「親しい友人」を演じているように感じるのだ。

中国に来る直前、日本の文部省（現文部科学省）による教科書の記述改定問題が日中間で物議を醸していた。この一、二週間、中国での日本政府に対する抗議の動きが活発化していた。街に出て、新聞を読むと、紙面のかなりの部分を割いて教科書問題に触れている。日本軍による「人殺しゲーム」が写真入りで報道されていて、相当大掛かりなキャンペーンになっている。

日本軍国主義と人民を分ける歴史観は中国人学生にかなり浸透していた。侵略は軍部が行ったもので、日本の人民には責任がない。しかし歴史の事実は曲げるべきではない。という考え方は僕が接したほとんどの学生が一様に持っていた。僕が若く、文部省のやり方に反対だと意見を述べるだけで「親しい友人」の役割は支障なく全うされてしまう。

と、いろいろ考えてきた僕だった。それで今日は天気が悪く、朝からユウウツなのだが、ユウウツなのは天気のせいばかりではない。恐らく東北師範大学の配慮で決まったのだろうが、今日は吉林にある万人坑を見学に行くのである。万人坑というのは、日本軍の残虐行為による犠牲者の死体置き場とでもいうべきものか。それがどういうものであるかは、本多勝一の『中国の旅』（朝日新聞社）などを読んで知っていた。でも、中国で、中国人学生とともにそれを見るというのはどうなのだろう。漠とした不安に駆られながら吉林に向かった。

吉林には午後二時ごろに着いた。長春から四時間ほどかかった。吉林市の博物館を見学後、万人坑に向かう。

バス停を降りてすぐ重苦しい雰囲気に包まれた。「日本軍国主義の侵略の歴史を決して忘れない」、石碑に刻まれたその文字を見ただけで気が滅入った。ガイドの語る日本軍侵略の説明は、僕の語学力ではよく聞き取れない。でも、彼女がどんな話をしているかは十分にわかる。とめどもなく速く走りだす言葉、中国の学生たちのすすり泣き。日本人は言葉を失い、ただ黙とうし、首をうなだれるだけだ。

死体置き場はたくさんの骸骨と化した骨がひしめいていた。生き埋めにされ、家に火をつけられ、無造作に殺された人々。おびただしい数の死体が語り掛けてくるようだ。日本軍による残虐行為は本当にあったんだ。教科書の言葉が書き替えられたところで、この事実を中国人は忘れないだろう。子々孫々伝えてゆくだろう。僕は風化しつつある骸骨を前に立ちすくみ、動くことができないでいる。

どうですか、佐藤さん。李冬木がおずおずと聞いてくる。僕は答えることができなかった。他の日本人も寡黙だった。一緒にいてそれほど違和感を覚えないほど似ていて、言葉が通じさえすればすぐにでも親しくなれそうな日本人と中国人。でも、万人坑にたどり着いた瞬間から、消え去ることのない歴史の重みに触れた瞬間から、僕らははっきりと二つの国に峻別されてしまった。そして、お互い厚い壁を感じながら言葉の糸ぐちを見つけ出せずにいた。

僕は早めに見学を終え、バスで待った。李甦が隣に座る。こういうところは他にもあるのか。僕が尋ねる。たくさんある、押し殺した声で李が答える。そして、また沈黙が続く。

皆が戻ってきて、バスが発車した。沈黙のよどみがいつまでも消えない。歌を口ずさむこともなく、黙々とバスが走る。疲れ切った顔に夕陽が差し込む。夕焼けがやけにきれいだ。でも、周りを見ると、窓から夕焼けを見ている人はあまりいない。寝入っている。寝入っていれば、お互い言葉を交わすこともない。帰りはすいていて行きより時間が短くて済んだのに、かえって長く感じられた。

万人坑の経験は、中国の人々の心の傷がいやしがたいことをまざまざと感じさせてくれた。そして、僕はついに本音のところで中国の人々と触れ合えなかった、と感じている。

残留孤児の記録──中国で感じたこと（二）

僕はベッドに横たわり壁に掛けられている若い女の写真に見入っている。初々しい感じのなかなかの美人である。フッと横を見ると、気ぜわしそうに動き回っている年老いた女がいる。歳月は人を変えるとはいえ、そのあまりの変わりように僕は驚く。

ここは長春市の西のはずれ。レンガ造りの家が建ち並ぶ住宅街の一室。朝九時からここにいるのだから、もう八時間にもなる。

土日を利用したハルピンへの一泊旅行に多くの日本人が出発した。総勢二九名のうち、寮に残ったのは年配の人たちや病気気味の人など八名。私はあわただしい旅があまり好きではないので、旅には加わらなかった。

そろそろ中国での生活にも慣れてきたので、一人で長春の街をテクテク歩こうかと思っていたら、隣室の鈴木さんが言った。

今日、文通相手の日本人を訪ねるけど、佐藤君もよかったら来ないか。若い人には退屈かもしれないけどな。

僕は人の好意は甘んじて受ける方なので、すぐ元気な声で、行きますと答えた。

飯淵さんや酒井さんも一緒、僕を除くと皆年配の方々である。

中国語を学ぶ動機にはいろいろあると思うが、年配の人は総じて昔住んでいた土地をぜひ訪ねたいと思い、習い始めるようだ。ふつうの旅行より、留学目的の方が自由に回れるからだ。

ましてや、中国の東北部、旧満州国の首都長春（かつての新京）とあっては、その思いは一《ひと》入《しお》に違いない。

鈴木さんや飯淵さんはそのころ軍隊にいたし、酒井さんは大連に住んでいた。皆さんからは当時のことをいろいろと聞かせて頂いたが、日中戦争は日本人に対しても相当な心の痛みをもたらしたようだ。その最たる存在は残留孤児ではあるまいか。

中村さん、六二歳。開拓団にいたが、肉親と生き別れた。現地で中国人と結婚し、三二歳になる養子の子供が一人、孫が一人いる。

日本人が来るというので遊びに来ていた黒沢さん（五五歳）は同じく開拓団にいたが、二一歳の時、売られた形で結婚、子供が五人いる。

二人とも日本政府の招きで一度日本に帰ったことがあるが、日本に帰ったまま戻らぬ人が増え、この近辺はずいぶん日本人が少なくなったという。姉妹のように仲のよい二人だったが、余生は中国で暮らすという。日本の肉親に迷惑をかけるから、ともいう。

最近中国を訪れる日本人が増え、そのたびごとに歓待するのだそうだ。それでもわずか年に一度や二度、数週間ほどの滞在である。他の日は昔から大切に保管している手紙を取り出し、肉親を思い、日本を思って何度も読み返す。

苦労話に花が咲き、歌の一つも飛び出して、わいのわいのの騒ぎである。

鈴木さん、飯淵さんの披露する昔懐かしい歌、浪曲に二人は笑い転げ、昔を思い起こす。間をはさむつかの間の静寂。

中村さんの苦労話、重いけれど、苦労に負けないで生き抜いてきた彼女の歴史がよどみなく心の中にしみこんでゆく。

中村さんには、若い頃の写真に見えるような、どこか楚々とした感じがまるでない。太くしわのある腕、怒鳴るような大声、苦労を笑い飛ばしながらも、その笑い声にはどこか寂しさがつきまとう。愚痴を言ったとて生活が変わるわけではない。苦労がなくなるわけではない。かえって、気が滅入るだけだ。それなら、笑い飛ばし、元気に生きた方がよい。

黒沢さんの方はもっと素直だ。

寂しい、寂しいといつも感じてきました。最近はお兄さんからの手紙がよく来ます。優しい兄でしてね。よく一緒に遊んだものでした。でも、兄は筆無精でしてね。私が三回手紙を出しても、一回返事が来ればいいほうなんです。こっちは、毎日手紙を心待ちにして、いつ来るかいつ来るかと待っているのにですよ。

苦労話は尽きることはなく、続々と湧き出てくる。話は過去にさかのぼることはあっても、現在には至らない。思い出にすがることによってしか生きてこれなかったのだろうか。それとも老いが寂しいのか。中国に残されてから、果たして楽しいことがどれだけあったのだろうか。

中国での生活が三〇年以上に及び、国籍が中国に変えられたからといって、中国人になりきれるわけではない。ずっと日本を引きずっている。鈴木さん、飯淵さん、酒井さんは中国を引きずっている。

話のタネはどうやら尽きたようだ。何しろ、もう八時間になるのである。皆手持無沙汰になっている。

車の到着が遅れ、時計は夕方の六時を過ぎている。薄暗がりの中を車が走ってゆく。

それにしても、どうして日本と中国の歴史は哀しいのだろう。

後で聞いた話によると、飯淵さんは自殺した父親の墓を探しにこの地に来たのだという。今は人民公園になっている敷地のどこかに埋められているはずだ。それだけを頼りに長春までやって来た。

残念なことに墓は結局、見つからなかったという。開拓団が多数の自殺者、餓死者を出したことは知っていたが、ごく近くに当事者がいたとは。

過去と向き合えた、ほろ苦い一日だった。

別離──中国で感じたこと（三）

もしも、別れの形に最高のものがあるとするなら、あのような別れをいうのかもしれない。そう感じさせるほど感動的な別れだった。

長春駅、プラットホーム、東北師範大学の学生たちと先生たちが僕たちを見送りにやってきている。僕たちは今、北京に向けて旅立とうとしている。一月余りの短期留学に終止符を打とうとしている。

握手が誰彼となく繰り返され、肩をたたき合う。体を寄せ合って、ニッコリとカメラに収まる。アドレス帳には住所と名前が書き留められてゆく。

見送る者と見送られる者の間で交わされる言葉はそれほど多くない。饒舌はこの場にはふさわしくないのかもしれない。一月という短い期間ではあったが、友情を育むには十分な期間であった。少なくとも、この一月というもの、時間に追われ、心をすり減らすことはなかった。ゆったりとした心の平安がこの国での生活にはあった。日中間に悲惨な戦争があり、それが現在にまで影を落としているとはいっても、僕たちはお互い理解しようとはしていた。

甘美な別れの儀式が展開されてゆく。まるで映画を見ているかのようだ。細かい動作の一瞬一瞬がストップモーションとして脳裏に刻まれてゆく。

素敵な別れだな、僕はそう思いつつ、握りしめる手に力を込める。中国の友が負けずに力を入れて、握り返してくる。お互い握りしめる手につい力が入ってしまうのは、再び会える日がいつになるかわからないせいだろう。もしかしたら、もう会わないかもしれない。その思いが皆の心を一つに調和させ、別れの儀式を甘酸っぱいものにしている。

皆が感極まり、眼をうるませている。

一方で、こう感じる自分がいる。どうしてそんなに悲しむ必要があろう。笑ってあっさりという別れ方もあるのではないか。会えないと思えば悲しいが、会えるかもしれないと思えばそれほど悲しくはないのではないか。僕は悲しみが半ば強制される雰囲気を感じ、居心地の悪さを感じてしまう。

列車がついに発車した。悲しげに頭を垂れた中国の友の顔が、手を振る姿がどんどん小さくなり、消えていった。

窓から見える風景は、どこまで行っても大豆畑。変わり映えのしない風景をずっと見つけているうちに、眼には涙がにじんできた。別れの悲しみが今頃になって感じられてきたのだろうか。こんなことなら、さっきもっと名残惜しそうにすべきだった。一番親しくしていた李甦の眼から涙がこぼれていたことを思い出し、僕も涙で別れをいうべきだったと思う。

涙が止まらない。しばらく、考えてみた。思い至ったことは、あれこそ中国の人々が長年培ってきた「礼」なのかもしれない、ということだ。物事を区別し実践する概念である礼。

例えば、客人に対する態度。僕たち日本人の留学生は客人だから誠意をもってもてなす。日本人は常に特別待遇だった。食事は日本人向けに味付けされていたし、寮も中国人なら八人で住む部屋に二人で住んだ。一緒に吉林に行った際、外での食事は別々だった。日本人は高級料理店、中国人は一般の料理店。

だから、あの別れも「客人」に対するもてなしのひとつなのだ。形式としての規範が最初にあって、まずはそれを実行してみる。別れのときは涙を流してみる。

だけど、そうだからといって、中国の人々の態度が形式ばっているわけではない。実に自然でゆったりとしている。親しそうに接すれば、相手も心を開くから親しくなる可能性が高い。少なくとも中国の人は親しくなろうとしていた。友情に厚い国民性を確かにもっていた。

僕は残念だが、客人で終わったようだ。今度中国に行くときは「友人」になりたい。語学力をつけて、また中国に行こう。そう思った。

こんな新宿もある　於岩稲荷田宮神社

国電（現ＪＲ）信濃町駅で降り、外苑東通りを四谷署に向けて歩くと、新宿区左門町の閑静な住宅街に出る。そこには於岩稲荷田宮神社がある。ここは、鶴屋南北（一七五五－一八二九）作の『東海道四谷怪談』の主人公・お岩を祀る稲荷である。同神社の十代目宮司・田宮保松夫人の田宮礼さん（七五歳、当時）に、神社にまつわる話をうかがった。

――お岩さんは実在しないという説もあるようですが。

「いえ、実在したんです。田宮家の二代目に当たります。田宮家に養子に来た伊右衛門に虐待され、寛永一三年二月二二日に三四歳で亡くなったと過去帳に記されています。鶴屋南北の作品はお岩さんの死後二〇〇年あまり経ってからのもので、だいぶ脚色されていますから、史実はあれとは違うと思いますが――」

――どういう点が脚色されているのですか。

「鶴屋南北自身が脚色だと書いています。当時、江戸では心中事件や強盗殺人事件が相次ぎ、それらとお岩が養子にいじめられた話を結びつけてできた作品ですね」

――当時お岩さんの話は江戸中にかなり広まっていたということですか。

「伊右衛門がお岩が死んだ後、後悔してお岩が厚く信仰していた、このお稲荷様に霊を合祀して冥福を祈ったのです。それ以後、田宮家の家運も持ち直し、霊験あらたかということで、参拝者が次第に増えてきました。そして『東海道四谷怪談』が大当たりして、近所の人が多かった参拝者も、全国から集まってくるようになった。当時、幕府から一般の参拝を許すという許可をもらってからは、飛躍的に増えたみたい」

――どういうご加護があるのですか。

「第一に商売繁盛。芸道上達、良縁も祈願の中心です。特に芸道関係者が熱心です」

こんな新宿もある　「投げ込み寺」として有名な成覚寺

新宿区新宿二丁目。靖国通りに面し、東京厚生年金会館のはす向かいに位置するのが、成覚寺（浄土宗）である。

文禄三（一五九四）年の創建といわれる成覚寺は、身元の知れぬ行き倒れ人や引き取り人のいない遊女を葬った「投げ込み寺」として有名である。

江戸時代、この辺り一帯は内藤新宿と呼ばれ、売春が公認されていた。甲州街道筋を往来する旅人でにぎわった宿場町には、表向きは飯盛り女であったものも含めて、たくさんの遊女が生活していた。その多くは、人間扱いされず、身ぐるみはがされ、文字通り「投げ捨て」にされたという。

明治から大正へ。大正から昭和へと時代が変わっても、実質は変わらず、成覚寺には累とした無縁仏が葬られつづけた。

第二次世界大戦後、この地帯は赤線となったが、さすがにかつてのようなことはなくなった、と成覚寺住職の石川博道氏はいう。無縁仏は、まず警察の手によって処理されるようになったためである。

一九五八（昭和三三）年の売春防止法施行後、この近辺はうまく時代に乗り切れなかった、と石川氏はみる。

「歌舞伎町が集落（マス）としてにぎわいをみせているのに対し、この辺はどうも散り散りなんです。ゲイバーが固まっていたりして、一種の暗さがある。戦後しばらくはもっと活気に包まれていたものでしたが」

「いま、大きなビルが建てられはじめています。今後はビジネス街になってくるかもしれませんね」

成覚寺の入口の石段下には、江戸時代後期の戯作者・恋川春町の墓（新宿区文化財）、享和元（一八〇一）年に武士の鈴木主水《もんど》と遊女の白糸の情死事件がきっかけとなってつくられた白糸塚と並んで、高さ二・一メートルの子供合埋碑（新宿区文化財）がある。「子供」は遊女に対する抱え主の呼称である。

西澤潤一教授（東北大学電気通信研究所）に聞く

東北大学電気通信研究所西澤潤一教授の研究室には、次のように書かれた色紙がたてかけてある。

1．未だやられていない事でなければならない。
1．他処より早く発表しなくてはならない。
1．他人がやり直しをせねばならない様ではならない。

日本の半導体研究の草分け的存在であり、ジャック・A・モートン賞〈SIT（静電誘導トランジスタ）の開発と光通信の基本三要素に対して〉、文化功労賞〈文化の発達に関する顕著な功績（電子工学）〉、朝日賞〈光通信と半導体の研究〉等数々の受賞歴をもつ西澤教授ならではの座右銘である。

科学技術庁（現文部科学省）所管の特殊法人、新技術開発事業団による「科学技術推進事業」の一つ「完全結晶」プロジェクトを主宰し、連日超多忙のスケジュールをこなしている西澤教授を東北大学電気通信研究所に訪ね、今後の研究の行方、産学官研究協力体制の現状と展望にまつわる話をうかがった。

――通産省（現経済産業省）、郵政省（現総務省）所管による基盤技術研究促進センターの発足をどうみますか。

西澤　よいことだと思います。本気ならそういった役割は文部省（現文部科学省）が担うべきです。文部省で基盤技術に関する研究を行い、科学技術庁や通産省が応用面をカバーするというのが望ましい形だと思います。

――産学官研究協力体制がセンターの発足によって促進されると思いますが、現状はいかがですか。

西澤　人間は意識的に、自分たちで社会を築いていくという考え方が大切だと思うのです。日本の場合、産業のために働くという点が弱い。その結果はといえば、「学」は二番せんじ、三番せんじの象牙の塔に閉じこもる傾向が強かったのではないか。

――西澤先生はずっと以前から「産」との連携が強かったと思うのですが――。

西澤　「産」との連携は強いですね。「産」に対してはお金で解決という考え方をとっています。もらうものはもらい、とるものはとるという考えです。「産」のために働くことで学問に新しい道が開ける。でも、日本では米国で認められないとなかなか一緒にやろうとしない。SITの場合もそうです。

――SITに関する特許はいくつもっていますか。

西澤　日本では五〇、米国では二〇くらいです。

——SITについて、日本の企業はどこが研究していますか。

西澤　富士通がかつてやっていましたが、現在はやっていません。日本楽器の画像処理用集積回路にSITは利用されています。ただ、電流を入れたり切ったりでき、電流の流れるときの損失を著しく小さくできる静電誘導トランジスタは研究している企業があります。

——SITも米国での方が研究熱心とのことですが、SITに関連する特許も米国側に押さえられてしまいそうなのですか。

西澤　そうですね。米国のコーネル大学ではバリスティック・トランジスタという風に名前を変えて、熱心に研究を進めています。静電誘導トランジスタについては現在、米国の電力中央研究所に一〇〇個提供中で使えるか使えないか検討している段階です。電力中央研究所からは、必ず売ってくれといわれており、もうサインもすんでいます。恐らく使えるという結論が近々下されるでしょう。静電誘導トランジスタは直流にしたり、交流にしたり自由にできるというスイッチ機能を持っており、ゼネラル・エレクトリック（GE）は遠距離送電に利用しようとしています。静電誘導トランジスタを電力に利用すると、モータやトランスを小さくすることができ、その結果、電力の世界が一変することになるだろう。今後はパワー・エレクトロニクス分野の進歩が予想されます。

——米国の方が独創技術を高く評価するという風土は依然として変わっていないわけですね。

西澤　変わらないです。初めに米国で認められた後、ようやく日本での評価がではじめるという傾向は、ずっと続いています。

――異端は日本では排除されがちですからね。

西澤　欧米では人と違っていても普通とみなされるのに、日本では村八分にされるのです。私も珍説をなすというのでずいぶんいじめられました。異端とみなされることは別にかまわないのですが、後に正しくジャッジしてほしいと思います。日本人はどうもムードで物事を判断しがちだ。米国で私の研究が認められると、かつて私の説に非難を浴びせた人も認めるようになる。しかし、その人たちはかつての自分の間違いを決して認めようとはしない。日本人はどうも記憶細胞が弱いのではないかと私は常々思っているのです。

――西澤先生の発想の原点は何なのでしょう。

西澤　私は原則論者であるとはいえると思います。原則を持ちながら物事を考えていくとおかしな点に気づく。絶えず原則に帰ろうという姿勢はいつでももっています。もちろん、そのためには平素からの勉強が大切です。

――敗戦の際、日本はどうしたら食っていけるのかを考え、「技術立国」という考え方をずっと持っているとのことなのですがーー。

西澤　食糧について考えてみると、一時的に足りなくなったり、増えたりする。天候に左右され、ちょっと不足すると鋭敏に響くわけです。やはり「技術立国」でないと、日本は食っていけない。そのためには独創技術の開発が不可欠です。能力ある人はたくさんの仕事をすべきであり、そのための報酬も十分に用意されてよい。日本の場合、公務員は兼業が禁止されており、兼ねると月給が減らされる。例えば私の場合、文部省の職員ですから、科学技術庁の仕事は土曜日の午後しかできない。こういう点は今後、改善されるべきだと思います。

――「完全結晶」プロジェクトの現状はいかがですか

西澤　来年（一九八七年）の九月に一応、プロジェクトの方は一段落します。以降の研究については、現時点ではまだ言えません。ガリウムひ素の単結晶の研究はかなり進んでいます。従来の結晶は半円型のため、使いにくい。三菱金属から丸型の結晶を作ってくれと依頼されて、研究を続けてきましたが、もうすぐできます。これが発売されると市場動向に変化が現れると思います。

――現在、半導体不況が続いていますが、どのように考えていますか。

西澤　好不況の波はこれからもあると思いますが、半導体そのものの必要性はずっとなくならないだろう。こちらが役に立つ技術を開発すれば、向こうは買いに来るということです。

――今後、有望視されるテーマはどの方面の研究でしょう。

西澤　手前みそですが、イメージセンサや静電誘導サイリスタは脚光を浴びると思います。分子の構造に関する分子電子工学、量子力学で設計できるデバイスについての研究も今後重要性を増していくものと考えられます。

宮沢賢治が好きで、電気通信研究所の玄関の表面には、賢治の弟の宮沢清六夫人から贈られたというロウケツ染めが額装されていて、それにはこう書かれていた。

世界がぜんたい幸福にならないうちは個人の幸福はあり得ない

超多忙の生活を送っていて、最近は好きな民俗音楽を聴く暇もないという西澤教授だが、そういった疲れを全然取材者には感じさせなかった。今後も、エネルギッシュに日本の半導体産業をリードしていくに違いない。

＊西澤潤一さんは二〇一八年一〇月二一日、九二歳で亡くなった。

加藤一郎教授（早稲田大学理工学部）に聞く――人間とロボットとの「共生」を志向

ロボットは人間にどこまで近づくか

私は知能を、三つに分けて考えています。①いろいろな外部の環境に適応する能力②学習能力③抽象的にものを考える能力です。

一九七三年に完成したロボットＷＡＢＯＴ―１は、人間の知能に近い能力を示しました。われわれの出す命令を理解すると、合成音の日本語で答え、歩いて行って物をとってくるという作業をしてみせたわけで、これは①の能力にあたります。

研究室ではその後、一九八〇年からＷＡＢＯＴ―２の研究に取りかかりました。目標を鍵盤楽器演奏に絞り込んだミュージシャンロボットです。このロボットは電子オルガンを演奏する機能を持ち、人間の歌声に合わせて伴奏することもできます。一九八五年につくばで開催された科学万博では、WABOT—2をもとに住友電気工業が製作したWASUBOTが展示されました。一九八五年三月一六日に開催された開会式において、WASUBOTはNHK交響楽団と共演し、バッハ作曲の「G線上のアリア」を見事に演奏しました。ロボットとしては、世界で初めてのことです。

とはいえ、ロボットがいくら人間に近づきつつあるとはいっても、③の抽象的にものを考える能力はもちえないのではないかというのが私の判断です。WABOT—2は、プロと比較しても見劣りしない演奏能力を持っている。演奏を聴くだけなら、ロボットが弾いているか、人間が弾いているか判別できないくらいです。ロボットの持ち得る技能は、①と②に留まるのではないか。バイオコンピュータが実現すれば、③の能力を持ち得る可能性が出てくるかもしれませんが——。

バイオメカトロニクスの可能性

ロボットは現在、主に産業用として使われています。その数はどんどん増えており、その勢いは止まるところを知らない。ロボットが今後どういうジャンルで増えていくかを探ってみると、第二次産業から第一次産業、第三次産業へ移っていくのではないか。特に、サービス分野での活躍が期待されます。となると、今のようなロボットでは不十分で、生き物の持つメカニズムを採り入れようというアプローチが必要となる。私はそれを、バイオメカトロニクスと呼んでいます。

私たちの研究室は義手、義足、乳癌自動触診システムの研究にみられるように、医療との結びつきが強い。私がロボットの研究を始めて二〇年以上が経過しましたが、ずっと二つの立場を強調しています。第三次産業、いわゆるサービスの場への応用と、医療あるいはリハビリテーションへの応用です。直接的な産業界との結びつきはないのですが、将来の産業界に必要な基礎技術の研究を行っており、目標を常に二〇年後、三〇年後に設定しています。

今第二次産業で使われているロボットは自動機械ですが、二〇年後、三〇年後を考えるとロボットの役割が変わってくる。人間と人間の関係にロボットが介在する社会になってくる。そうなると、人間に合ったロボットが必要になる。形も人間に似通ったものになるだろう。

二一世紀には人間の手伝いをする福祉ロボットが出現し、家庭へもどんどん入ってきます。そのときに、人間とロボットの関係はどうなるか。人間自身と社会がいかに柔軟であるかが問われることになると思います。

ロボットとの「共生」は可能か

日本は世界一ロボットが普及している国です。なぜ、欧米と比較して日本でロボットが普及したのかといえば、きわめて柔軟な社会構造を持っているからです。欧米では職業についてはきわめてクローズで、個人の仕事がはっきりと固定している。ロボットを導入することにより、仕事を奪われる人々がいる。そのため、職場に積極的にロボットを導入することは不可能なわけです。

一方、日本では会社内での配置転換は当たり前、ロボットを導入した結果、個人が他の職種に移るのは日常茶飯事。これは別に最近の特徴ではなく、以前からの日本の職場の慣習です。こういった日本の柔軟な社会構造を考えると、ロボットと人間との「共生」は可能だと思います。

ロボットと人間との「共生」について考える場合、マクロとミクロの視点が大切です。どういうところに将来展望をもっていくか、まずトータルな視点を決める必要がある。

技術の進歩がどんどん加速しており、その進歩は止めようがない。ところが、社会の仕組みというか、社会制度はスローな変化しかしていない。技術の変革に対応して、社会の変革も志向していかないといけない。そういった技術の変革に適応できない形で、ミクロな面ではME化によるマイナス面が発生する可能性がある。失業とか、労働災害といった問題がそれです。しかし、マクロな面でみると、今後ロボットが第三次産業に入ってくることでサービスの質を高めることができるのではないか。そこで働いている労働者の数を減らすのではなく、人の手助けをし、サービスの質を上げるために使われる。そういった考え方を私は持っています。このあたりの設計をうまくやらないと、社会の破滅を招くことになるかもしれません（談）。

＊加藤一郎さんは一九九四年六月一九日、六九歳で亡くなった。

赤信号！　みんなで渡れば怖くない

ぼくは今、半導体、バイオテクノロジー等先端技術に関する出版物を出している出版社で、雑誌記者として働いている。

政府は「技術立国」の看板を掲げ、半導体産業はその「主役」として位置づけられている。街や家庭に氾濫しているパソコンやＶＴＲの近年まれにみる浸透の速さを思えば、「技術立国」もなるほどと合点がゆく。

僕は通産省（現経済産業省）、科学技術庁（現文部科学省）等の行政＝政府の動き、自治体の動き、技術の動きを追い、活字化する仕事をしており、これからの社会の行方に思いを馳せることが多い。

急激な勢いで進行する「技術革新」が今後何をもたらすのか。真剣に考えている自分に気づく。

不思議な気がする。ジャーナリストというのは、心配事を抱える職業なのだな、と思う。

現代のように情報量がとてつもなく肥大化した社会にあっては、一人で総合的に情報を把握することは極めて困難である。「専門」を決め、それ以外のことには無関心というのが普通である。

いじめが世の中にはびこれば「教育の専門家」が登場し、中国研究者は中国について心配する。心配事の分業化がみごとに行われており、ぼくの仕事もその例にもれない。

ただし、研究者に比べると対象はいささか広い。「日米特許紛争」について調べてゆくと、「日米経済摩擦」の原因が明らかになってくる。科学者を取材対象とすることが多いから、物理や化学の勉強も怠れない。さまざまな立場の人に会うので情報も総合性を帯びてくる。

ほとんどの人が一日を決められた人間と共に決められた仕事をして過ごすことを思えば、ぼくの仕事はなんて不思議に満ちていることだろう。外部から出かけて行っていろんな話を聞けるというのは刺激に富んでいて、ジャーナリストの特権といえるのかもしれない。「特権」と思えば、心配事を引き受けてもよいという気になってくる。

最近ぼくが仕事上悩んでいる心配事は、先端産業による環境破壊、である。

ぼくの仕事上最大の関心事であり、まさに心配事にふさわしい内容になっている。時間が許す限り、取材している。先日も神奈川県公害センターを訪ね、この問題に関する実情を聞く機会を持った。

「米国・シリコンバレーでは地下水汚染が深刻だし、社会問題となっていますが、日本ではまだその段階には至っていません。表面化していないといった方が正確かもしれない。現に環境庁（現環境省）が二、三年前に行った地下水汚染の実態調査では、全国的に汚染が確認されています。厄介なのは発生源を明確にできないことです。かつて反公害の機運が高まりましたが、それ以後企業はますます外部に内部秘密を明かさなくなりました。人体への有害性が懸念されている塩素系有機溶剤や特殊材料ガスの使用量等に関して、私たちは全くといってよいほどデータをもっていません」

長年公害の現場をつぶさに見てきた同センターの所長はそのように語り、「今の状況は昭和二十年代後半から三十年代後半にかけての状況とよく似ています。その頃も不透明な部分が多かった」との時代認識も示してくれた。さらに、「歴史は繰り返すのだ」とも語った。

「繰り返される歴史」とは何なのか。水俣病に代表される公害が再び発生するのだろうか。半導体の製造工程ではたくさんの塩素系有機溶剤、特殊材料ガスが使用されているが、その性質はあまり明らかにされていない。

ここ二、三年、宮崎の半導体工場における火災事故、川崎市での特殊材料ガス＝ゲルマンによって引き起こされたガス爆発事故等の発生により、次第に安全問題に関する業界、自治体の関心が高まりはじめた。

通産省（現経済産業省）、労働省（現厚生労働省）、環境庁（現環境省）は対策に乗り出した。この問題についての取り組みはまさに「これから」の段階である。

取材先をあちこち歩き、話を聞く。専門家は専門外のことはほとんどわからない。公害を研究している研究所には企業のデータが入らない。企業のデータを知り得る立場にいる通産省は外部に漏らさない。

タテ割り行政の弊害は、たとえばこんな形で存在する。特殊材料ガスに関しては通産省にしか予算がつかず、自治省（総務省）消防庁には予算がおりない。ところが、実際に被害を止めるのは消防署なのだ。川崎市で起きた特殊材料ガス＝ゲルマンによるガス爆発事故は、消防署がガスの性質について知っていなかったため、対応に苦慮したという。「新しいガスについてはどう対応してよいかわからず怖い」と川崎市消防局の担当者は漏らす。こうしたガスについては、事故後はじめて性質が明らかになる。このように性質が明らかにされていないガスは数十種あるといわれている。

「昔は安全性に関しては、省庁が異なっても重複して取り組まれていました。臨調で、できるだけ重複しないようにというように方針が変わったのです」と川崎市消防局のもう一人の担当官は語る。

幸いにして、通産省による「自主基準」が最近でき、これが守られると安全は従来よりも確保されると考えられている。ただし、あくまで業界主導の自主基準であるから、守られるかどうかの保証はない。事故が起きた後、新たな公害法が立法化される可能性もある。

先端産業で使用されるおびただしい化学物質がどのように循環しているのか、解明がなされないまま大量に使用されている。だれもこの勢いを止めることはできない。

こうした危険と隣り合わせにぼくたちは生きている。生活の便利さの代償が今後どのように現れてくるのか。それを考えると、心が暗澹としてくるが、それはぼくが、この仕事をしているせいだろう。
「赤信号！　みんなで渡れば怖くない」

新島私塾と私

中国研究者である新島淳良さんの姿を初めて見たのは、法政大学三年生（一九八〇年）の時だった。教育経済論を講じていた尾形憲先生はユニークな授業をするので有名だったが、ときどき外部から「変わった人」を呼んで、話をしてもらっていた。新島さんはその一人だったのである。その時、私塾をやっているからといって、チラシと入塾案内を渡された。

実はその少し前から東中野にあった新日本文学会に通っていて新島さんの話を聞く機会があったのだが、何かの用事で聞きそびれてしまった。その話をきいた女友達がとてもおもしろい話をしていたといっていたので、新島淳良の名は気になっていたのだった。

その頃は法社会学のゼミに出ていて、青森県六ケ所村に現地調査に行ったり、公害研というサークルの活動に忙しかった。にもかかわらず、何か満たされなかった。このまま大学を卒業

新島私塾にて
（一番右が新島淳良、中央が筆者 1987年12月19日）

し、会社に入り――といった図式通りに生きるのが嫌だった。授業にはほとんど出ず、大学というのはこの程度のものかという不満がどこかにくすぶっていた。

しばらくして、新島私塾に通いはじめた。論語の講義は最初チンプンカンプンだったが、だんだん面白くなりはじめた。中国についてほとんど知らなかったので、入門書の類を読みあさった。

土曜日や日曜日、個人的に話を聞きにいくようになった。山岸会をでてまだ日が浅かった新島さんは、新たな「共同体」として私塾を始めたのだと思う。問えば、とにかく答えてくれる幅の広さを新島さんに感じ、次第に惹かれていった。

卒業後勤めた教材関係の出版社は、五か月ともたなかった。出社拒否をしてしまったのである。新島私塾とは両立しなかった。

相当な気負いが、当時の自分にも、私塾に通っている人々にも感じられた。家出同然に地方から出てきて私塾に通いはじめ、新島さんを師と仰ぐ人もいた。その姿を見て、自分がいかにも中途半端だと思った。

会社をやめた私は、フリーの校正者として何とか生計を立てることができた。私塾で中国語を初歩から習いはじめた。生徒は栗木君がほかにいるだけ。ほとんど、マンツーマンだった。

翌年（一九八二年）には、初めて中国に行った。次第に中国が身近になり、新島さんの話を理解できるようになった。

その頃から一二年ほどが経過した。個人的にもいろいろあったし、ディテールを書いていくときりがないほど思い出が詰まっている。

その新島私塾が閉じるようになる。それを聞いて、不思議とがっかりはしなかった。少し寂しい気がするが、新島さんとの付き合いがこれでなくなるわけではないし、むしろ「今までどうもありがとうございました」という感謝の気持ちでいっぱいだ。

私塾の最初の頃は、新島さんも相当気負っていたと思う。「先生を選べ」、「先生から徹底的に学べ」、「先生を追い越せ」というのが新島私塾の三原則だった。もちろん、私はそれなりに勉強したつもりだったが、目標が大きすぎて、効果はそれでいて上がらなかった。

フリー校正者という社会から一歩ずれた境遇も手伝って、新島私塾が少し精神的な負担となり、私塾から離れたこともある。

私塾を離れると、自分が見えてきた。テーマは自分で見つけ、マイペースで勉強すればよいと思うことができた。自発的に中国語の原書を読みはじめた。中国の友人もでき、中国語を学んでよかったな、と思えるようになった。

私塾で知り合った人々も大きな財産だ。その一人、木村聖哉さんから「そろそろ私塾に戻ってこないか」と誘われ、火曜日の魯迅塾に復帰した。二年ほど前である。

私は今、建築関係の新聞社に記者として勤めているが、中国というテーマはずっと追求していきたい。新島さんには、これからも教えて頂きたく思っている。

山岸会には行ったことがないのだが、新島さんがいるとなれば訪ねていく気になる。どうして山岸会に惹かれたのか、現地で聞いてみたいと思っている（一九九三・三・一）

＊新島淳良さんは二〇〇二年一月一二日、七三歳で亡くなった。私は一九九四年秋、一九九六年夏の二度山岸会に新島さんを訪ねた。二度目は若い友人の平井徹さん、静島昭夫さんも一緒だった。それから一年ほどして、新島さんが軽度のアルツハイマーに罹っていると人づてに聞いた。二〇〇二年三月三一日、中野サンプラザで「新島淳良お別れ会」が開催され、私は上京して出席した。参加者は一五〇人ほどだった。

消えてゆく「東京裁判」の舞台

マスコミを中心に戦後五十年を総括しようという動きが活発化してきている。なかでも従軍慰安婦への個人補償の問題など、アジアの人々に対する日本の戦争責任を問う論議は厳しさを増している。

ここで取り上げるのは、建築物をめぐっての話である。

東京の街を歩いていて気づくのは、歴史の連続性をほとんど感じ取れないことだ。バブルが崩壊し、かつての勢いがないとはいえ、あちこちで建築物が取り壊され、新しい街に生まれ変わっている。移り変わりが実に大きい。

スクラップアンドビルドの論理は人々の生活を物質的に豊かにした反面、歴史を物語る建築物が次々と消えていった。第二次世界大戦関連に話を絞っても、巣鴨プリズンが池袋サンシャインシティに、陸軍中野学校が中野サンプラザに姿を変えている。

一九八七年夏に、南京に大虐殺記念館を訪ねたことが思い出される。記念館は一九八二年、日本の文部省（現文部科学省）によって引き起こされた教科書の記述改訂問題を背景として開館した。中国政府は、犠牲者たちの白骨や当時の報道資料などを展示することで、「歴史の事実は曲げられるべきではない」ことを日本政府に示したのである。

建築物の正面には三十万という中国側がつかんでいる犠牲者の数が刻まれ、建築物全体が墓のイメージを醸し出していた。南京という街の歴史を、この建築物が物語っているのだ。

日本の戦争責任を問う声が高まるなかで、また一つ歴史的建築物が姿を消そうとしている。自衛隊市ヶ谷駐屯地内にある東京裁判跡地が撤去されることになったのである。一九九四年一〇月二一日から建築物の解体が行われており、今年（一九九五年）の夏頃には作業が完了する予定という。

一九四一年から当地には、日本軍大本営が置かれていた。一九四六年には東京裁判の舞台となり、東條英機をはじめとするA級戦犯二八名が裁かれた（うち二名が裁判中に死亡、一名免訴で四八年の判決を受けたのは二五名）。

中国人留学生を主な読者層とする「留学生新聞」は、この問題に関する報道を次のように結んでいる（一九九四年一一月一五日付）。

「多くの人々は、鋭く指摘している。日本政府がこの歴史的建築物を取り除くことで実際は、後世の人々が歴史を忘れさるように望んでいるのだ、と！」

文学による街おこし「文学の蔵」運動の展開

岩手県南に位置する一関市では、ゆかりの文学者に関する資料館をつくろうというユニークな市民運動が展開されている。

もともと一関は、平泉の玄関口であることもあり、古来文化人をひきつけてきた。平安時代末期から鎌倉時代初期にかけては、西行が訪れ、歌に詠んだ。江戸時代には、松尾芭蕉の『奥の細道』の舞台となった。建部清庵、大槻玄沢などの著名な蘭学者を輩出したことでも知られている。本格的な国語辞典『言海』『大言海』を日本で最初に編纂した大槻文彦は、大槻玄沢の子孫である。

明治時代になると、幸田露伴、北村透谷、島崎藤村といった文豪が一関を訪れている。とりわけ縁が深いのが、島崎藤村である。

藤村は一八九三（明治二六）年に、二週間ほど滞在している。友人である北村透谷の仲介だった。当時の一関には、東北屈指の酒造家「熊文」があった。「熊文」の主人・熊谷文之助は透谷と親交があり、長男の家庭教師を世話してくれるよう頼んでいたのである。

その話に乗った藤村には、別の感慨があったかもしれない。一関は、藤村が恋焦がれた佐藤輔子が少女時代を過ごした土地であった。折しも輔子との叶わぬ恋に悩んでいた時期のことである。

「文学の蔵」と名づけられた市民運動が始まったのは、ひとつには藤村との縁であった。一関に藤村の文学碑を建てようという動きが、まず起こった。地元の文学者を中心とした人々の尽力により、文学碑は実現し（一九九三年）、「島崎藤村と一関」と題するリーフレットも作成された。

文学碑が建てられたのは、かつての「熊文」敷地内であった。「熊文」はすでに没落し、世嬉の一酒造に敷地の所有者は移っていた。

とはいえ、大正時代から続く六棟の酒造群からは、往時を偲ぶことができる。

昭和に入ると、作家の井上ひさしもこの酒造と関係があった。井上は一関中学校時代の一時期を、この蔵で過ごしたのである。かつて「新蔵」と呼ばれた土蔵は、製品倉庫として使用されていたが、一時期は映画館となっていた。井上はその映画館で切符切りのアルバイトをしながら、将来への夢を育んだのだった。

一関で多くの映画に接した井上ひさしにとって、一関は自己形成に多大な影響を及ぼした土地だった。

一九八六（昭和六一）年には、「大蔵」と呼ばれた東北一の仕込み蔵を改造し、「世嬉の一酒の民俗文化博物館」が開館した。酒造りの拠点を移動したことで遊休施設となっていた酒蔵を、有効利用したのである。

ここは、東北新幹線が停車する一ノ関駅から徒歩で一五分余り。交通は至便である。それだけに、世嬉の一酒造の社長である佐藤晄僖《こうき》さんのもとには、さまざまな話が持ち掛けられた。土地を売ってくれ、ホテルに転換したらどうか――。他の地方都市と同様、一関にも全国規模の大型資本が進出してきていた。

だが、そういった大型資本の経営者は、地元のことをあまり深く考えるわけではない。金儲けがうまくいかないとみると、すぐに出て行ってしまうのが常である。地元の商店街はそういった動きに翻弄され、地盤沈下を引き起こしていた。

佐藤さんは大正時代から続く酒蔵群をホテルや駐車場のアスファルトに変えたくはなかった。

幸いにして、酒の民俗資料館は成功を収め、一関の新名所になった。さらに、何とかしなければという志が、新たな運動を誘発することになる。

一九八八（昭和六三）年一二月、一関市大町の明治初期に建てられた三階建て土蔵が区画整理事業により取り壊されることになった。

その利用方法に関し、市内の有志が集まって相談した。その輪に加わっていた佐藤さんは、「解体費は出すから材料を下さい」と市に提起した。翌年三月、土蔵は解体され、解材は酒の民俗文化博物館に引きとられた。

その過程で、三階建て土蔵を復元して文学館に――という構想が持ち上がっていた。構想に弾みをつけたのが、一関に移住してきたばかりの作家、色川武大の急逝だった。色川は、ジャズに深い関心を寄せた作家だった。全国に名を知られたジャズ喫茶「ベイシー」を色川は何度も訪れ、一関への移住を決めたのだった。

「ベイシー」は、醤油蔵を改造してつくった喫茶店である。いわば、「音楽の蔵」だ。その対比で「文学の蔵」があってもよいのではないか。そういう話が出て、文学館づくりの運動を「文学の蔵」と命名することに決定した。

色川武大夫人の色川孝子からはやがて、遺品を一関で生かせないかという相談が運動関係者に寄せられた。

井上ひさしも手弁当で運動に積極的に協力することを約束した。

一九八九（昭和六四）年にスタートした「文学の蔵」設立委員会（三好京三会長）はその後、着実な歩みを続けた。

一九九〇年には、「井上ひさしの日本語講座」のほか、一関ゆかりの文学者（内海隆一郎、中津文彦、三好京三、馬里邑れい、及川和男、星亮一、遠藤公男、森田純、光瀬龍、志賀かう子）によるリレー講演が行われ、全国各地から多くの参加者を集めた。

一九九一年には、大槻文彦『言海』完成一〇〇年記念事業、島崎藤村に関する講座が開催されたほか、一関市長に文学の蔵・色川記念館を含む「文化邑構想」策定を陳情している。

その後も毎年公開講座を開催し、東日本を中心に全国から多くの参加者を集めた結果、一関の名は次第に知られるようになってきている。

事務局長として奔走する佐藤さんは「私たちが一生懸命やっていれば、若い世代がその姿を見て、たとえ形は変わっても、精神は受け継いでくれると思っています」と語る。街の精神史を掘り起こす市民運動は、着々と地域に根を下ろしつつある。

＊二〇〇六（平成一八）年、世嬉の一酒の民俗文化博物館内に「いちのせき文学の蔵」が開館し、全国から多くの来館者を集めている。筆者はこの運動に理事、世話人として参画、一関・文学の蔵発行の雑誌『ふみくら』の編集などに当たってきた。

初出一覧

Ⅰ　宮沢賢治の周辺

東京から岩手へ　『街もりおか』一九九七年九月号
黄瀛の詩碑　銚子に誕生　『岩手日日』二〇〇〇年七月三一日、八月一日
高杉一郎『ひとすじのみどりの小径』（リベーロイ社）　『ラ・モバード』第六〇二号（二〇〇一年四月）
新渡戸稲造と宮沢賢治　『街もりおか』二〇〇一年六月号
田鎖綱紀と宮沢賢治　『エスペラント』二〇〇二年六月号
帆船のロマン――佐藤勝一の遺稿と追想　『街もりおか』二〇〇二年一一月号
宮沢賢治と丸ビル　『街もりおか』二〇〇三年一一月号
黄瀛と『改造評論』　『草野心平研究』第五号（二〇〇三年一二月）
佐々木喜善と宮沢賢治　『街もりおか』二〇〇四年三月号
『賢治小景』が描き出す宮沢賢治の人間像　『街もりおか』二〇〇六年一月号
宮沢賢治と労農党　『街もりおか』二〇〇六年五月号
エスペラント　再び脚光を　『読売新聞』（岩手版）二〇〇八年一〇月一日
サラリーマン　宮澤賢治の軌跡　『聖教新聞』二〇〇八年一〇月一二日
宮沢賢治の思想に沿ったりんごが発売　自然との共生をイメージした「いさりのりんご」
宮澤賢治センター通信第一一号（二〇一一年三月三〇日）

賢治再発見の旅へ　『文学の蔵会報』第二九号（二〇一四年一月三〇日）
草野心平・黄瀛と宮沢賢治　『賢治学』創刊号二〇一四年
タッピング一家と宮沢賢治　『賢治学』第二号二〇一五年
宮沢賢治の夢を育んだエスペラントと「雨ニモマケズ」　『賢治学』第三号二〇一六年
詩人黄瀛生誕一一〇周年記念国際シンポジウムに参加して　『岩手日報』二〇一六年一一月一日
宮沢賢治と一関　『ふみくら』創刊号二〇一八年
石川啄木と一関　『ふみくら』第二号二〇一九年
黄瀛に導かれて　『宮沢賢治記念会会報』第一二〇号二〇一九年
宮沢賢治とエスペラント―その理想と挫折　『Ｔｈｅ座』第九九号二〇一九年

II　盛岡藩と戊辰戦争

渡辺淳一の恋人を姉にもった詩人・暮尾淳の死を悼む　書き下ろし
盛岡の男衆――藤村益治郎　『街もりおか』一九九八年六月号
『エルマーのぼうけん』の魅力　『子ども時代は心の宝庫』所収（一関・文学の蔵編、二〇〇〇年六月）
ヘンリー・ミラーが絶賛した「東北の哲人」　上野霄里の代表作『単細胞的思考』復刊へ　『岩手日日』二〇〇二年三月五日
上野吉一『グルメなサル　香水をつけるサル―ヒトの進化戦略』（講談社）『岩手日日』二〇〇二年一〇月

一七日
盛岡中学アウトロー物語　『街もりおか』二〇〇三年五月号
ジョニーとくつわだたかしと『動物哀歌』　『街もりおか』二〇〇三年一〇月号
甲子園球場にて　『街もりおか』二〇〇四年七月号
岩手県議員会館夢物語　『街もりおか』二〇〇五年四月号
元特攻隊員が回想するミンドロ島潜行の十一年　『街もりおか』二〇〇五年六月号
平泉物語――藤原氏四代の盛衰　『街もりおか』二〇〇六年九月号
盛岡藩と戊辰戦争　『街もりおか』二〇〇七年一月号
『ずっぱり岩手』が十二年ぶりに内容を一新して登場　『街もりおか』二〇〇七年五月号
鹿角で戊辰戦争を考える　『街もりおか』二〇〇七年一〇月号
盛岡冷麺物語　『街もりおか』二〇〇八年三月号
盛岡城復元で郷土史に関心を　『読売新聞』（岩手版）二〇〇八年七月三〇日
本懐・宰相原敬――原敬日記をめぐって　『街もりおか』二〇〇八年一〇月号
列藩同盟の歴史的意義　『読売新聞』（岩手版）二〇〇八年一二月一〇日
『それぞれの戊辰戦争』を上梓して　『北海道新聞』二〇一二年五月一四日
楢山佐渡と盛岡藩　『歴史読本』二〇一三年三月号
三国志・三顧の礼の旅　『日中文化交流』第八二一号（二〇一四年九月一日）
及川和男さんとのこと　『ふみくら』第三号二〇一九年

III　文学による街おこし

あとがき

本書は一篇（渡辺淳一の恋人を姉にもった詩人・暮尾淳の死を悼む）を除き、すべて新聞や雑誌などのメディアに発表した文章です。私は編集者やライター、大学講師をしながら多くの本を出してきましたが、単行本に収録しきれなかった文章を中心に一冊にまとめてみました。

単行本のテーマは宮沢賢治やその周辺、盛岡藩の幕末維新の大きく二つに絞っていますが、科学や建築関係の出版社に勤めていた若い頃はもっと広範囲にアンテナを張っていました。改めてその頃の文章を読み返してみますと、いささか稚拙な点もあり、気恥ずかしい思いもするのですが、明確な間違い以外は極力加筆修正はしませんでした。文章を書いた当時の情景を大切にしたいという気持ちがあるからです。文章中の人名のその後の肩書などに関してはできるだけ調べましたが、フォローしきれなかった部分もあります。

文章を書くことを通して知り合った親しかった人々も少しずつこの世に別れを告げて行きました。振り返ると私は出会いに恵まれていたな、と本当に思います。文章の発表時にお世話になったメディアの方々、この本の出版でお世話になった杜陵高速印刷出版部の方々に、心より感謝申し上げます。

二〇二〇年六月

佐藤　竜一

著者略歴

佐藤竜一（さとう・りゅういち）

1958年岩手県陸前高田市生まれ。一関第一高校、法政大学法学部卒業を経て日本大学大学院博士課程前期（総合社会情報研究科）修了（国際情報専攻）。宮沢賢治学会イーハトーブセンター理事。岩手大学特命准教授。

著書　『黄瀛―その詩と数奇な生涯』（1994年、日本地域社会研究所）
『宮沢賢治の東京―東北から何を見たか』（1995年、日本地域社会研究所）
『日中友好のいしずえ―草野心平・陶晶孫と日中戦争下の文化交流』（1999年、日本地域社会研究所）
『世界の作家　宮沢賢治―エスペラントとイーハトーブ』（2004年、彩流社）
『盛岡藩』（2006年、現代書館）
『宮澤賢治　あるサラリーマンの生と死』（2008年、集英社）
『変わる中国、変わらぬ中国―紀行・三国志異聞』（2010年、彩流社）
『それぞれの戊辰戦争』（2011年、現代書館）
『石川啄木と宮沢賢治の人間学』（2015年、日本地域社会研究所）
『海が消えた　陸前高田と東日本大震災』（2015年、ハーベスト社）
『宮沢賢治の詩友・黄瀛の生涯』（2016年、コールサック社）
『原敬と新渡戸稲造―戊辰戦争敗北をバネにした男たち』（2016年、現代書館）
『宮沢賢治　出会いの宇宙―賢治が出会い、心を通わせた16人』（2017年、コールサック社）
監修　『コミック版世界の伝記　宮沢賢治』（2012年、ポプラ社）
共訳　『三国志　中国伝説のなかの英傑』（1999年、岩崎美術社）
共著・分担執筆　『帆船のロマン―佐藤勝一の遺稿と追想』（2002年、日本エスペラント学会）
『灼熱の迷宮から。』（2005年、熊谷印刷出版部）
『ずっぱり岩手』（2007年、熊谷印刷出版部）
『宮澤賢治イーハトヴ学事典』（2010年、弘文堂）
『柳田国男・新渡戸稲造・宮沢賢治―エスペラントをめぐって』（2010年、日本エスペラント学会）
『戊辰戦争を歩く』（2010年、光人社）
『新選組を歩く』（2011年、光人社）
『新島八重を歩く』（2012年、潮書房光人社）
『トラウマと喪を語る文学』（2014年、朝日出版社）
『「朝敵」と呼ばれようとも』（2014年、現代書館）
『文学における宗教と民族をめぐる問い』（2017年、朝日出版社）等

盛岡藩と戊辰戦争

2020年7月20日　発行

編　　者　佐　藤　竜　一
発 行 所　杜陵高速印刷出版部
〒020-0816　岩手県盛岡市川目町23番2号
TEL 019-651-2110
URL https://www.toryokohsoku.com/
印刷・製本　杜陵高速印刷株式会社

Printed in Japan
ISBN 978-4-88781-138-6